様式の上にあれ

——村野藤吾著作選

『著作選』の刊行にあたって

本書は、『村野藤吾著作集 全一巻』の入門編として、同書から十二本の論文を抽出しました。祖父・村野藤吾の建築論への手がかりとなることを企図しています。

表題作をはじめとするこれらの論文は、代表的で普遍性の高いもの、いわばポピュラリティを基準に選びました。解題や注記を付さなかったのは、もとの『著作集』に詳しく述べられているからであり、一九九一年に同朋舎出版から刊行されたのち絶版となっていた同書が、本書とあわせて鹿島出版会から再版されるためです。ぜひご覧ください。こうした二種類の出版は祖父自身の願いであったことも詳説されています。

九五編の論文・対談などからなる『著作集』は、編者・神子久忠氏と祖父との間で編集作業が十年以上つづき、一九八四年に祖父が没してからは、父・故村野漾が神子氏と協同しました。そうした経緯と関係者に心からの感謝と敬意を表し、新たな読者を生むきっかけとして、本書がその一助となれば幸いです。

二〇〇八年八月

村野　永／MURANO design

目次

様式の上にあれ

一　序　論

様式の上にあれ！

様式に関する一切の因襲から超然たれ！

われらは様式の上にただ感省の能力しかもたないものである。だから、すでに過ぎ去った様式でもまた現代の様式でも、様式という様式の、一切の既定事実の模写や、再現や、復活などという、とらわれたる行為をよせ！

それはまったく無意義である。無益である。否《いな》、罪悪である。それよりも自分みずからの思惟の発達と、観念のモーラリゼーションにみずからの自由意思によれ！　というのが私の結論である。私のマトウである。

この結論ははたして正当なりや。この結論の真相は何であるかを窮尋するために、私は以上の順序に従ってこれを研究してみよう。私はこの意味をもっと私の本当の心の言葉で翻訳してみようか。元来私は「様式」というものを定義することについては、不必要とするものである、否、無意義とするものではあるがただ私の推論上便宜のために、私は様式に関する過去の連想や概念をまとめて次のごとく定義する。だが、これを将来にまで特定しうるかどうかは、私自身にも不可解である。

『様式とは構造と装飾とのある特有なオルガニゼーションである』

われらは「何々様式」という已定条件を認める以前に、われらは、われらの建築的意匠を構成すべき一切の環境に忠実であり条件の「オルガニゼーション」にわれらの修養によって得たる理想（あるいは観念）をもってこれを「オルガナイズ」しようとするものである。

極端ないい方かしらないが、実をいえば様式というものが何であろうと、それは私の関するところではない。そんなことは型態学や分類学者たちの閑仕事にすぎない。

オーダーの高さが直径のいく倍あろうと、ペヂメントの角度がいく度あろうと、サイマレクタの格好がどんなふうであろうと、それは私にとってたいした価値のあるものとはならない。この頃のように鉄やコンクリートで機械的に、もっと痛切にいえば生産的に、どしどしつくっていこうとする状態では、そんな面倒な――しかし、一部の古典的な貴族的な官僚学者たちにはそれは一種の物識りとするかもしれない貴重なものであろうが――事柄を忘れまいとするためには、よほど細心な注意と努力とを要するのである。かくて、私たちの心の底から芽生えようとするもっとも自然的な、本質的な美的覚醒は、それが、成長の間もなく枯れていく。

われらが価値とし、そして、われらの思索が現実と一致されなかったときに起こる苦痛の高価な反語は、いかにしてか真実に人間を養い、いかにして人間により高い香を彼らの感情のうちに見出すことを得るか、またいかにして全人類をより聖なる、より純一なる高い境地へ歩ましむるかという、私の建築家としての義務をはたすことである。つまり私は、義すなわち権を知り、これを知ることによって終始し、私の修養によって得たる、構造と、装飾と、そうしてこれを統一するある理想をもって、私の建築行為の最初の出発点としようとするものである。

私の意匠するものにどんなものができるかわからない。それがクラシックにいこうと、それがゴシックに帰ろうと、それがまたルネサンスに合体しようと、ないしは米国式であろうと、独逸式であろうと、それは見る人々の権利と、独断とに任せる。

ただ私は、羅列せられたる一切の建築条件を忠実に体得する、だがこれをどうオルガナイズするかは私の権利である。教育と道徳とが私の本性を、私の霊魂をめざさしてくれるときに自覚する私の義務である。

二　様式再現は愚策のみ

不思議なことには今頃何々様式のプロポーションはいかほどだから、いかほどにしなければ駄目だ！だの、ここをこうすれば何式になるから、そこをもう少し変えたらどうだ！だのという人がまだ、わが国建築界にかなり勢力をもっている人々の間にあるから驚く。なんという愚な忠告であろう。なんという僭越な婆心であろう。もちろん私はこの忠告を感謝する、それは私の美的感情移入の一つの参考にすぎないものとして。

一体われらは現在一九一九年に生存しているものである。しかるにわれらは今日すでに過ぎ去ったたとえば十八世紀だの、七世紀だのという、過去の様式を真実に再現することができようか？

これが様式再現にさいして起こる第一の疑問である。かつて伊藤清造君の様式論中にのべられたごとく、われらの全感情を過去に没入しない限り、人間の能力ではとうていできないものと信ずるのであるが、このことはたんなる推論や、考察だけによってのみ断ずることはできない。深く人性の神霊的生物学的に討究する必要がある。かかる広汎な問題にたいしてもちろん私の貧弱な能力のよく解決するところでないが、これを生物進化の現象について考察してみる。進化とは要するに、時却と、遺伝と、環境とによる生物界の変化現象である。これが人類界においては、一度進化したる人類は永遠に野蛮未開の状に逆行することができないことを意味するものである。人類は時の進転とともに、その肉体および精神の変化を意味する。したがって人類の一切の所有は漸化しつつなお歴史上の痕跡を標しつつエネルギー不滅の無限大円を歩むのである。

またこれを人類学的考証に依頼するに人間の頭蓋骨は、時とともに変化し、したがって、脳神経組織や知的能力に影響を及ぼすことを立証しているのである。厳密にいえば、人間は時が dt より dt' に移っても、それは明らかに能力の変化を意味する。つまり人間の能力は時の Funecon である。こういうふうな考えから、私は疑いもなく同一ならざる人間の性情は同一なる様式を現出することの不可能なることを裏書するものであると信ずるものである。なんとなれば、歴史や対照の研究は知情の作用にうったえなければならないからである。

また様式再現に関する研究者の側より観察して研究者の個性は必ずその研究に影響を及ぼす

ものである。ひとり研究者の個性ばかりでなく、その時代と時代思潮とも研究に影響を及ぼすことはとうていまぬかれないことであるから、その時代を離れて他の時代に発生した様式を再現しようとしても、人間の個性を全然没却することができない限り、史的研究の立場より見るも不可能のことに属する。要するに、時代を異にしては、人間の認識の対象内容が同一対象にたいして一致しえないことは、様式再現論者にたいし、かれらの計画の無意義と不必要を語って余り有りというべきではあるまいか。

十八世紀における優秀なる英国の建築家たちはこの問題にたいするもっとも適切なる失敗の経験を教えている。当時、かれらはあらゆる史的考証と、一切の細密なる施工とをもって忠実にゴシック建築の再現を企てたのであった。しかるにこの人間として成しうる限りの企画も、ついに真のゴシック建築を得ることができなかったといっているのは、もっとも興味あることである。もしそれ様式再現ということが、異世の、ないしは異邦様式の時代的「モデフィケーション」であるなれば、そは再現にあらずして一種の模倣というべきである。われらはかかる不徹底なる妥協に芸術の名を冠することを恥辱だと思う。そしてわれらはかかる過去の特権にたいして、われらのドグマを加えることとの僭越を思うものである。

線と色との特異な交錯のもたらすいみじき旋律のうちに沈面して、そこに、時代の所有する特有な一切の世相を追想するときに、われらはかかる愚策に最後の望みを断つまでもなく、十八世紀の終わりにおいて、もっとも精密に、かつもっとも熱心に、その不可能なることを立証されているのである。

しかり、紫空に輝く雅典《アテネ》の宮は、三千年の昔、アクロポリスの丘上に建てられてこそ、真の「クラシック」でありえた。北欧の暗雲を衝いて高く光る寺院の尖塔を望んで、うちつどう善男善女に天国を教え、一切の権力より脱して市民の特権を教えたる早鐘の響き、それはすべて、昔のゴシック建築のみがうける誉れであった。時は移り人また去り、民族は滅び国境はかわり、世界はいく度となく栄枯盛衰の夢をたどりて、いまは昔の影だに留めず。この時にあたり様式の再現、それはとうてい不可能なる計画である、空虚である、無意義である、憐れむべき執着の眩影である。驚くべき寛容なる建築家らよ。

諸卿は大英博物館内のフラグメントを組み合わせて、プロポーションの正しいパースペクチーブを見ようとして、卿らの尊い手をもってすることをやめよ、それで真のクラシックは流れてこない。それで真のゴシックも現われてこない。芸術的更進にたいする「ジスカレッジ」は、こうした愚かなる間隙から侵入するのだ。

私はこの意味をもっと拡張する。そして僭越なる未来派の様式論者に向かって、われらが過去の様式再現論者に適用したる一切の言葉をそのまま提供して、その噪急なるをわらう。

私は厳格なるプレゼンチストである。現在に生の享楽を実感する現在主義者われらに、過去と未来の建築様式を与えんとすることは不必要である、むしろ罪悪である。

驚くべく無頓着なる美的夢遊病者らよ、卿らは実に幸福である、しかし憫《びん》然である、卿士は真に寛大である、しかし罪人である。

ああ一切の費用と労力とを計算の外に奴隷を苦使し、定規と鉄鎖の苦痛から生まれた、クラシックのモールヂングやアカンサスや……の強烈なる陰影のうちから、われらは、今日何を感ずるか、沈痛と、号泣と、哀訴と、そして、もっとも恐ろしき悲哀とを痛感するほかに、クラシック芸術のもたらすなんらの恵与をも受けようとしないのである。

経済問題や労働問題にわれらのもっとも純なる精神の一部をデポートせんとする現代に、こうしたモールヂングや、アカンサスを、いまもなお強制せんとするのは、なんという恐ろしいアイロニーであろうか。

私は将来という言葉がはなはだしく独断的限定的であると思う者である。しかしもし、われらの努力と修養とをもって、追求し、憧仰してやまない理想が将来を意味するなれば、それは私にとりて幸福である。われらの事業を遂行する唯一のモチーブである。私はこうした理想を考えない現在論者でないことを悦ぶ。

およそわれらにとりてもっとも必要なるものは、すべて完全なる今日である。これによりてわれらは生の満足を実感し、理想への躍進を生命づけられるのである。過去はすべて骨董であり、将来はすべて眩影にすぎない。ともに私にとりて、それは、感情の浪費であり、空虚なる必要にすぎない。

三　科学の進歩と美的観念の時代錯誤

換言すれば様式は時代思潮と地方的民族的精神の経緯である。反映である。必要はついに構造の進歩を促した。これを動かしたるものはいうまでもなく科学の進歩とこれにともなう社会組織の変化、社会状態の進歩とこれにともなう科学の発達である。しこうしてこれはすべて人類の自由な本能の発現であったのである。

サイエンスの発達と、社会状態の進化とはともにともに建築の内容を動かし、内容の動揺は様式を動かし、様式の動揺は構造と美的意義の変化を意味するようになったのである。

私はいまこの意味を拡充する。

ある時代の建築的要素は、その時代の手法か構造か装飾によることをもって、もっとも幸福にしてかつ正当なることであると思う。たとえばアカンサスや、グロテスクや、雲肘木や……などはギリシャや、ゴシックや、飛鳥や……の時代においてはもっとも正しいそしてもっとも自然的のものであった。しかるに、われらはいまもなおこれを美として感ずるであろうか？　否、感ずることは正当であろうか？

過去において美であったものも、現在では必ずしも美でないものがありはしないか。また過去において必要であったものも、現在では必ずしも必要でないものがありはしないだろうか。これはわれらにとって大いに考うべき問題であると思う。

過去において面倒な構造も、今日ではきわめて簡単にできるようになったものがある、過去において超経済的であったものも、今日では経済的でなくてはならぬものとなったのである。たとえば、雲肘木や蟇股や原色であくどく塗った遺物など私にはありがたすぎて決して美意識の動かないものである。また大黒柱に一尺角の欅《ケヤキ》を用いようとして莫大なる金を費やそうとすることよりも、鉄筋コンクリートの柱に欅べニアでも張れば、五寸角でできるうえに経済的じゃないかといおうとする態度に賛成するものである。

　だが、私は雲肘木や蟇股や極彩色や一尺角の欅柱を必ずしも必要とは思わない。しかしそれは私にとりて史的考察のうえにまた美的追想のうえに、己が心の琴線を奏でる天使の音楽を聴き、太しき柱のまわりに団欒する家族制度の根義にまでも私の心を引きのばさんとする。だが、切実なる必要と、そして、私の思惟とは協力し、社会的要求として、そこに本然なる道徳的観念を構成しながら、私の既定の希望は私の先入と空想を裏切って、雲肘木を鉄のブラケットに極彩色を「ペンキ」や「ワニス」に、一尺角の大黒柱を五寸角の鉄筋コンクリートに代え、オーダーや、アーチに表わされたヘレニズムや、ヘブライの思想を、鉄やコンクリートで表わさんとするうちにより合理的なる美を感ぜんとするものである。私はこうした態度のうちに、より高き道徳性の香を感受し、より本質的なる美的感情を移入するものである。

　もしだれかが鉄のブラケットは雲肘木よりも美でなく、ペンキは極彩色よりも美でなく、五寸角の鉄筋にコンクリート柱は一尺角の欅柱に比してプロポーションが悪いといえば、私はその人にいってやりたい。

君は千年前に生まれた方が幸福だ！と。

道幅の狭い都会の真ん中に、町を空中に延ばして人は年中空中生活をしなければならないようなスカイスクレーパーを建てて、それが狭くなれば、その上にどんどん積み重ねていくような今日に、プロポーションがどうの、ギリシャのオーダーのプロポーションがこうの、ゴシックのどこはどうの、といってるのは実にばかげきったことである。数十尺余も上にある蛇腹のモールヂングがどうあろうと、パラペットのプロポーションが少々ぐらいどうあろうと、そんなものは少し離れて見りゃ、ろくすっぽ見えやしない。しいて見ようと思って建物から離れでもすると、建物全体が他の建物のために隠れてしまうような今日の状態に、クラシックや、ルネサンスの考えで小言や批評をするならば私はその人にいってやりたい。

君はまず世界経済を自足経済に、いまの文化をイモ虫の状態に返すがいい！と。

私たちの様式はこうした遺物の先入主にありて時代を誤判し、時代様式を建設せんとしてパラドックスとジレンマに陥らしめる。

事実、サイエンスの進歩と、時代の転化とは私たちの過去の研究によって獲る一切の美意識を根底から改革しなければならないことを要求する。

もしわれらが、時代の真相に忠実であることが建築行為の上にもっとも道徳的であるなれば、私たちは型や色などの枝葉の問題よりも、もっと科学や、材料や、これに関連する構造や、意匠上の理論などの根本問題の研究によって得たる形か色彩などの美的観念を構成する方が、より本質的でかつよりフレキシブルなものであると思うのである。建築家は一面において科学者でなければならないという私の主張はこれがためである。とにかくこういうふうに本質的に考えてくれれば今日われわれが有している色彩や彫刻やプロポーション観念をよほど改革しなければならないことはもちろんである。

私にとりて真実なる美は道徳である。ある不注意なる建築家は一種のとらわれたる概念より出発して線と影との交錯を得んがため石の上に巧妙なる意匠をする、かくて得たる建築家の賞讃は一方において石工の平均生存年限を著しく短縮するのである。なんという冷酷な建築家の道楽であろう。

鞭と定規をもって鉄鎖の奴隷を叱咤し、そして完成された石の溝をわれらはもっとも憧仰すべき、モールヂングと呼んで、これをクラシック建築のうちに眺めて典雅と優麗との讃辞を呈する。なんという惨酷なる賞讃であろう。なんというみじめなアイロニーであろう。

われらは何を苦しんで二千年後の今日尊い人間の生命を縮めてまでも石の凹凸をかくも要求することが必要であろうか？　しかしある人々の群はいう、そうしなければ貧弱だ！と。

だが貧弱とは一体何を意味するかをその人たちは知るまい。同時に彼らはリッチな装飾をなんと心得べきかをも知らないであろう。

われらはこうした「パラドキシカルビュウティー」を現代建築のいたるところに認めなければならないことは真に私たちにとりて大いなる不満ではないか。

われらが画くただ一本の線のうちにも深い人生の要求と、神への奉仕と、感謝と、そして人類愛のおさえがたき涙の一滴を含んでいることを彼らは知るまい。

私には深く刻まれたる石の彫刻よりも一度に「キャスト」された「プレーン」なコンクリート壁の方がどんなにありがたいことであろう。

あえていう、私は道徳に一致しない一切の美を排斥する。われらは一個人として平等なる資格を相互に尊重しなければならないことが正当である以上、一切の思索と行為とに先だちて道徳的に覚醒しなければならない。

かくのごとくにして改革されたる観念が、やがて時代の真正なる要求として、われらが完全なる今日の一部分だけでも全人類の上に光被するのはその幸福増進の運動に参加する尊い使命を遂行するゆえんだと信ずるからである。

私はこれまで便宜上構造と装飾とを別にして論じたが、しかし、もと両者は、そが真なる意味においてともに内容を異にする美にほかならないことは今日美学上の定説である。すなわち構造に真なることといわゆるコンストラクチーブ・ツルースと、装飾に真なること、いわゆるオーナメンタル・ツルースとはそが道徳的に一致するという意味において共通相照すわれらが実用を主とするもまた美的憧仰全力を注がんも、ともにその絶対価値は同一でなければならない。われらがしいてこれを分離しようとするところに建築問題の破綻があり、争闘がある。われらがいずれの範囲に自己の性格を見出さんとするも、要するに、建築をしてその目的を満足させんがための意味において、真実に時代の真相に忠実であり、時代の文化に飛躍の要諦を残さんとする、尊ぶべき建築家の努力によって、相照の境地を見出すであろう。

私たちは、時おり、装飾のベタクサついた構造物よりも鉄筋コンクリートそのままの倉庫や、黒く塗られた鉄骨工場に、美術建築の真の意味を感ずることがあるのはよくこの間の消息を暗示するものである。

原始人が二個の石の上に一個の石を置いたストーンヘンジは、まさに人類が初めて知れる構造上の一大奇跡であった。そして、彼らはこのあまりにシンプルな、しかし、あまりに合理な壮厳のうえに、神美の桂冠を捧げて跪座した。かくも厳粛なる美的原始的自然生活より人類はしだいに都会に蝟《い》集するようになって以来、ついに現代においては、縦に通ずる暗いトンネルを昇降して、空中生活の奇観を呈しなければならなくなった。かくてスカイスクレーパーはくしくも現代建築様式の本流を代表する一大壮観として klorsaboad の螺塔に比するべく、ピラミッドの偉大にも劣るまじく見える。

げにわれらは近代文明の産んだ偉大なる遊戯として、かくも壮観なる出来事を記すに人類歴史のいく頁かを割くに躊躇しないであろう。われらが美的先入を根こそぎにもぎとらんとする、かくも偉大なる遊戯をなんと書くであろう。

「ストーンヘンジ」よりスカイスクレーパー。

「マスタバ」よりスカイスクレーパー。

天地根元の造りよりスカイスクレーパー。

われらはいまこの相連続せる両端を対照する。

たれかこの偉大なる皮肉の光景をいい表わすことができようか。たれかこの広大なる人類奮闘の跡をいいうることができようか。私はいまさらのごとく打ち驚く。驚きはやがて静かな心の池に投ぜられ感激の波紋を産みて、はてしもなく想像の波は拡がり行く。

私は限りなき悲哀の心をもって、かくも盛んなる人類が生の進軍を見送る。そして私は耐えがたき暗い心をもって独語する。

ああ可愛想に彼らもまた死地に向かって進んで行くのか！

あまりに壮大なる現代建築の遊戯はまたあまりに惨酷であった。彼らが盛んなる建築文明の経営は、やがて死城を築くことに気付かなかった。多くの人々の、血や、肉や、骨を、下積みにしながら、ただ一人の資本家は微笑んでいる。冷酷なる科学者は計算に誤りなきことを誇っている。

しかし彼らの血液のうちにはただ一滴のセンチメントも交えない。もっともシンプルなしかしもっとも憐れな彼らは「サイエンス」と「ヒュウマニチー」とに無関心であるらしい。クリチカルサイエンスがもたらす「イデアリズム」の薬の一滴だにも飲まんとしたことはないだろう。現代建築のかかる壮観なる堕落はかかる無頓着なる資本家や真理を研究するという冷酷なる科学者たちの虚栄の賜である。

野に咲く一輪の花だにも如《し》かなかったのはソロモンの栄華ばかりか、われらが本当に人間らしい生活をするためには、かく偉大なる雲際城も寒村の茅屋だにも如《し》かないであろう。

私は時代の真相に忠実なれ、そしてそうすることがもっとも道徳的であり厳密なる現在主義者の立場はここにありと主張した。加うるに道徳と一致しない一切の美を排斥した私の心は、かかる時代の奇形にたいしてその存在と発生の理由を許さないであろう。だがこの建築的時代の寵児を呪うものはおそらくこの世の中で私一人かもしれない。しかし私は信ずる、もしかかる建築の主流が永久に世界の表面と空間とを占有するようになればその時こそ人類は金と真理のために虐げられて、歴史には、ただ虚栄と、野望と、争闘のみが残されるであろう。私の筆はかかる奇型の建築にたいしてすこぶる酷烈である。

そんなものは半分から折っちまえ！

ああマスタバよりスカイスクレーパー。

ストーンヘンジよりスカイスクレーパー。

天地根元の造りよりスカイスクレーパー。

私はこの大きな対象のうちに沈面して、ここにもまた相容ることのできない、宇宙の二元的対立を感ぜずにはいられない。さらに私は疑う、建築は、はたして進歩したるや、建築の進歩とは一体なにを意味するかを。

「一切の美は道徳と一致せざるべからず」

今日のところでは一種の謎である。われらはこの謎を背負い、いまや迷宮の前にたたずみて永遠の扉を叩かんとす。

この謎！　しかりこの謎こそ、はてしなき迷路の奥に秘められたる鍵のほか解くことはできない。この鍵の把握こそ、この鍵の究尽こそ、尊ぶべき若き建築家たちが肉を躍らし血を湧かして迷い歩く永久の綱であろう。

とまれ私は時代の推移と科学の発達による建築構造の進歩とはわれらの建築美に関する観念を根底より改革し、したがってわれらが創作せんとする芸術の世界は材料や構造やあるいは手法の発達によって動揺し、この動揺のうちにやがて純一なるある者を創造せんとする、その観念の根本となるところの道徳に覚醒しなければならないことを辻遠ながら書いたつもりである。

あえていうまでもなく、私は公平に見て、科学の発達がもたらす建築上における幾多の恵みを是認するに躊躇しない。構造が自由になったこと耐火耐震などの危害にたいして安全になったことなどはまさに近代建築界の驚異である。しかしかくのごとき建築界の異常なる発達は、人類がより聖なるより合理なるより本然なる生活欲求を助長し、並流し、誘導したのかといえば、われらは「必ずしもしからず」と、答えんとする者である。現代建築の基潮にたいする私の大なる疑問はここにある。

四　国風問題と批判能力

超様式にたいする私の議論は叙上の三項によって曲がりなりにもほぼその意を尽くされたと思う、しかし、それは、見様によっては純然たる現在主義者としての立脚地において、既成様式にたいする一種の否定的態度ともいわれないことはないゆえに私は私の所論をもっと徹底させるために、すなわち超様式論の根底をもっと鮮明するために、残されたる問題につきて研究する必要がある。なんとなればいうまでもなく超様式とは無様式でなくてわれらが有する道徳観念の統一する建築知識が人生の目的、人間の自然的な欲求にたいして判断し識別し、助長してもって、われらにとりて「不断に新しき様式の創造」にたいする研究にあるからである。以下の論文は、ある意味において超様式論の全肯定的解釈ともみられないこともない。

超様式論者の唯一の依拠は道徳的観念の豊富なることは再三高調したるとおりであるが、たんに道徳的観念というだけでは、あまりに抽象的な言葉である。ゆえに私はもっと具体的にこの問題の内容につきて研究する必要がある。

われらの道徳覚醒の前提には、必然的に、個人としての自覚に次いで、社会的覚醒、次いで国民としての自覚より世界人としての立場を考え、ここに初めてわれらは一個の人間としての総合的なしかもきわめて複雑な自己意識が生ずるものと信ずる。第一期においてわれらに関する一切の問題が展開され次いで社会的にこれを養い、次いで国人として思索し、最後に世界人として合体するところに道徳性の全充があるのである。ともすれば、われらは「アブノーマル」

な「コスモポリタン」となり、ともすればわれらは極端なエゴイストとなって世界的にもまた社会的にもまったく盲目となり、個性完成の対象を失うことがある。
切論して、われらは、道徳性の発展には、どうしてもいずれの方向からか、以上の経験を踏まなければならない。こは単なる推論ではなくて、事実——民族生理とか民族心理などの動かすべからざる条件——に立脚するまったく「ナチュラル」な現象の具体化である。米国の某女流地理学者かの説によれば、自然に忠実なることはやがて文化生活の豊富と正康とをもたらし、文化の発展と同時に人類はますます自然の恩恵に浴しなければならないことが真実である限りならない。

（文明協会発行『地的環境と人生』を読む）による。

われらの論旨は聖なる実在の具象を目的とし、確固たる事実上に安住せんとすることにほかならない。

私は、かく順々に発展する道徳観念の経程はまた、建築様式の反面でなければならないと信ずるものである。以下論ずるところの様式問題は、「吾人は日本人なり」という意識に立脚して「ナショナルスタイル」に関する問題に触れんとする考えである。

概観してわが国の様式とおよび様式論は二様に分類することができよう、一つは国粋論者および準国粋論者と、他は世界論者および準世界論者である。私は仮に、前者を国家民族伝統主義者と見、後者を四海同胞人道主義者と呼ぼう。先年明治神宮懸賞に表われたる作品を前者の代表と見ることができる。この方は近来いくぶんその勢力を失ったような観はあるが、隠然たる伝統はいまなお建築界に底流している。次に、最近盛んに論ぜらるる構造論および青年建築家たちの間に現わるる一般的思潮およびその作品の一般的傾向は、後者に属するものとみることができる、しこうして国人としての意識を肯定する意味においては、双方異論なきがごときも、論ずるところ、窮するところはおのずから相反するはけだし当然の勢いである、概して前者は古き建築家に後者はいわゆる新しき建築家のうちに表わるる傾向である、とみて差支えない。

いかなる国家といえども外国文明の移入によって国民思想の一時大いに動揺することは事実であって、強き国民はこれを消化し、同化して、自得のものとするに反し、弱き国民はこれがために滅ぼされたることは、世界歴史の教うるところである。しこうしてこの間にありて、わが国民は今日まで幸いにも強き国民であることを示したのであった。たとえば仏教渡来およびそれ以後における国内の状況や、明治維新の世界文物移入およびそれ以後におけるがごとく、その初頭一時大いに動揺したる民心も、やがてわが民性はその強さに一歩を進めた以外に、一切の動揺は世界に雄飛するゆえんであった。この表面に現われたる事実をつかんで、ますます世界的に躍進せんとしているのが、世界主義者の声明で、この事実より一歩退いて、国家観念の捧持を主張して、民性を重視し趣味に憧憬して、この異状なる近代的発展のうちに要約しているのが伝統主義者とおよびその作品に見える思想である。先者はますます海外文明を移入せんとし、そのよっていうところは、「日本人の作為はとうてい日本人の外に出でざるゆえに、いかに海外様式を移入しても、そはやがて、日本人の作為の圏内を出でざるのみか、日本をしてますます躍進せしむるにほかならない」というのである。後者は、これに反して、海外文明の無制限なる移入はひいてわが国家の独立権に危険なしとせず、否、危険なりとするも、国家を異にして生まれたる様式である以上、これを直ちに取って用うるは不合理なる事なしとせず、ゆえに海外の進歩せる様式をつとめて彼らの見るところの現代日本固有の趣味と、民性を一致せしめんがために、つとめて国風に変容せんとして、そのよって立つところは伝統の勢力である。吾人は両者の説に尊敬すべき幾多の重大なる真理を教えらるるものである。

しかるに、ここに、両者の説に見ることのできないある重大なる問題がある。それはすなわち「批判能力」にたいする論者の無反省なる点である。

おもうに、現実的精神を注入せられ、覚醒せしめられなかった私たちの仲間の多くは、歴史、伝統、国家組織などの現実的、精神的、情意的、実的方面をみずして、いたずらに官能生活の放縦なる空想と、理知主義的空想の、空中楼閣的建設にふけっているのである。かくて、当然の傾向としてわが国建築家中の一部の人たちは当分安易なる建築界の状態を楽観している、享楽主義者となろうとしているのである。彼らはいわく日本民族の一員たるよりもなにがしたることにより多くの誇りを感ずる。いわく、日本人たるよりも人間たることにより多くの権利および義務を感ずるなどといっているのである。人間の思想もこうなれば、個人から民族、または、国家という現実的立脚地を飛び越えて、一躍人類へ飛翔しようとするのであって、その思想はまったく抽象論的空想であり現実への手続順序に無頓着な、極端なる理想主義的空論である。かの仏教文明によりて一時大いに動揺したるわが国思想界も、やがてこれを消化体得したる、また基督教の伝来によりて当時の国体擁護論者を裏切ってよく今日の文明を誘致したるがごとく見ゆは、彼ら建築的世界主義者のために万丈の声援をするものとして常に引用さるる実例なるが、深く彼らの思想の奥底に沈面して考うるときに、彼らは実に大いなる誤断に陥っていることを知るのである。なんとなれば、仏教文明渡来当時の世界思潮と、今日の状態とは、その文明および思想の内容、状況などに大いなる差異がある、ことに当時の日本と、現今におけるわが国の国際的地位および思想界の状況とは、まったく異なりたる事情のもとに置かれてある。なお基督教伝道に関してもまだ必ずしもわが国に適するものなりや否や、なお疑問のうちにあって直ちに取ってもって不都合なしと断ずるは噪急というべきではあるまいか、ことに一部基督教信者中においてさえも国教樹立を目下の急務なりと絶叫しているくらいである。しこうして、様式に関する理想派の人々の思想も、ちょうどこれと同様の誤断の上に築かれているのである。

　これを要するに彼らは過去の事実を推してこれを将来にまで論及しようとすれども歴史家の教うるところによればわが国近代以前において移入されたる文明はある固定せる動揺少なき文明であった。しかるに、現戦乱の影響により、いまや、世界を挙げて一切の思想は混乱し、一切の文化は動揺しつつある世界的革命が現出せられつつあるではないか。かくのごとく動揺し混乱せる思想は現にわが国にも移入され一般思想界や社会制度など文化的レボリュウションのすでに逢着しているがごときは、決して、過去の経験を推して、これを将来にまで断定することを許されない事情があるものと信ずる、社会心理の不断の衝動は決して人間の性情を動かさずにはおかないのである（文明協会発行「都市の児童」高田保馬著『社会学的研究』）。かくのごとく人間性情の変遷に人類の現出しうる一切の文化の根本をなすに無頓着に論ぜらるる推論には一顧の価値なきものと思う。

思想の自由と交通の至便と、科学文明の「インターナショナライズ」と人道観念の高潮とは相互いに交錯してともに建築様式上世界的共通のタイプを生じつつあることは近代建築界の特長と見ゆるが、われらはこの点に深い注意を払わなければならない。

国民性の自然に適合する人道観念や思想や科学を探究することなしに主張せらるる人道主義や科学的普遍方則の探究に、研究者の素質や境遇が意義を有していることに無頓着なる科学思想の概念的認識の一形式に根底を有する、アブノーマルな思想を矯正するために深い考案を要すると思うものである。

ひるがえって国粋論者を見ればわれらはもちろん常に有意義なる幾多の説を与えらるるのであるが、概観して彼らの説は固陋である。思惟の自由と科学精神の発達にともなう近代文化の異状なる発展に没反省に思惟せらるるその憐れむべき過去への執着や、趣味性の偏狭が、石と煉瓦と鉄とコンクリートをもってことさらに唐破風や高欄や、軒の反りを作って、これ新日本の趣味性を具象したる新様式なりと称するがごとき作物の可否を論ずることの徒労は今日そのあとを絶たれたるごときけだし当然の趨勢というべきである。

おもうに初等教育の目的が人間霊智の覚醒、自我の開放にあるがごとく、海外文明の移入によりて教育せられ開発せられたる日本は、従来のごとく、永久に精神にもまた物質的にも欧米の生徒であってはならない。何人といえども海外文明を模し海外文明に追従することが必ずしも文明の進歩であると思惟するものはおそらくあるまい。わが建築界も海外様式を移入して以来すでに数十年を経、この間に失われたる犠牲や、この間に得たる経験は必ずしも少しとせず、しかるにいまさら建築界の混乱は依然として、様式の送迎は昨是今非の浮薄極まる盲動を継続している状態である。主義開放といい、また正義の開放といい、ないし様式の開放というも、それらはそれ自身が、他にたいして批判能力を有することに根帯をおくものであって、先に論じたるごとく、正義も人道も、ないし様式上の一切の問題もともに、民族生理や民族心理というがごときある不可避な条件の認容によりて、全体としての世界を光被し、合流するところにその意義を有するもので、正義人道に憧仰するわれらは、当然にも民族自決にその根底を置くことに合理性を見出すものである。

いつまでも他を模倣し、他に追従するものに世界にたいして全体と融合すべき自我の主張もなければ、自己を他己の上に生かす、デザインの確信もあるまい。すなわち批判の必要であるとはこのゆえである。私は先に今日の文化現象が科学にその根拠を有することを主要なる要素とする以上、しこうしてわれらが科学の上に立脚して建築上の画策をなす以上、過去現在、未来における一切の決定せる建築様式に依拠する事のできない、否、その必要なきことをのべた。それは全様式の撥無ではなくて、ネグレクトである。かかる思想の当然の結果として、様式上の現象は無常であらねばならぬ、しかしそれは、現代日本における様式上の不断なる昨是今非の浮動ではなくて必要それ自身を科学と人道とをもって人生に即して整頓するところの常に新しき様式の創造である、それは一貫せる真理の随時なる「アダプテーション」であり、現実の全充であらねばならぬ。

とにかく私はいかなる海外建築様式といえどもそれを自国に移入することにつきて現象にたいする共鳴は別問題として、その根本において、その「インスチンクト」において一つの大なる疑念を挿むものである。しこうしてこはわれらの肉体細胞や、日本人の血統が遺伝法則や生活上の一切の条件を対外的結婚による混血や機能の改造をしない限り、この疑問を一掃することはできないのである。すなわち批判にたいする国人の思考はこの間当然起こらなければならない問題であって、いやしくも全世界が、全然国境を撤廃しない限り、しこうして、おのおの自身の文化を持することが正しい限り、自己保存にたいする人類の正当なる欲求であらねばならない。

しからば批判能力はいかにして養うべきか、それは自国文化の窮尽と、自国民性の洞察によらなければならない、しこうして広く日本様式を開展せしめて、これを世界に光被せしめなければならない、この意味において世界文化、いうところの世界各国の建築にたいする批判と、自国文化いうところの自国建築の開展とを志す民族主義、日本主義は、日本人としての現実的運命からもっとも自然の主張であらねばならぬ。それは鉄と、技術と、組織と、算数と、一切の科学とを有する国民がその意志を主張しうる現実的世界の必然的要求である。それは一切の科学批判に対する哲学を有するところの国民のみが思惟しうる権利ではないか。

ただしいうところの日本的建築がどんなものであるかは私にも不明であるが、それはおそらく今日以後発展する、経済と、交通と、科学と、芸術とにたいするわが建築家の正当なる研鑽と忠実なる究明と、しこうしてよってもって得べき批判能力の自由なる創作のみが決しうる問題であろう。

吾人は、より世界的なれという意味において世界主義者や、理想派の人々と共鳴し、より国民的なれという意味において国粋論者や、伝統派の人々と合体する。「ただしアブノーマル」な「コスモポリタニズム」と固陋なる「ナショナリズム」との二つの邪道に陥らないために、そして、われらの国家的観念と、世界的観念の上に、より健全なる拡充を与うることを得るのは、ひとり批判能力のみが有する特権である。

未曾有の講和会議において、わが人種案も、世界的正義の最高なる権威者によりて無視せられ文化の最高権威を誇る紳士国によりて一蹴された。かくて正義の仮面は女夜叉のごとく、われらの前に、なお恐ろしき暴戻が横たわっているのである。われらの行手に立ち塞がる一切の没義道なる障害は白人文明の仮面と、白人正義の自己擁護のみである。

他に隷属している民族には、科学も、芸術も、哲学も、発達すべき機会は与えられない。本国人の贅沢費をつくるために苦役せらるる領土的亡国民と、異邦人の侮蔑に答えることのできない文化的亡国民には、永久に科学的研究の余裕はないのである。

かかる一切の悲痛なる運命より脱出せんがために、しこうして個体存在の理由の奥に秘められたるものの窮尽によりて、自己が他己のうちに調和進展せんがためには、唯に建築問題といわず一切の自主的文化を有するよりほかはない、広く民衆のうちに文化を進展せしむるよりほかはない。ただ一人の天才よりも平易な民衆の覚醒を希望せずにはいられない、しこうしてこはすなわちいうところの批判能力を有する国民のみが有する光栄ではないか。

五　無目的なる現代建築様式の煩悶とその解釈

目的の上に真理を認める古い思想の裡に建築様式の本然が潜むか過程の上に真理を認める新しい思想に建築様式の如是相が存ずるか。すなわち建築様式は目的を有するものか有せぬものか、もし有するものとせば、これを倫理に約して、はたして如何の価値を有するものか、この疑問は往古より深海の底に横たわって、いまにいたるもなお解けざる不可解の謎である。

建築様式に目的がありとするの、目的なしとするに勝って真なるか、目的なしとするの、目的ありとするよりも真なるか、これを端的に決定することは不可能なることである。なんとなれば、様式が時代文化精神の複雑なる諸要素を背景としている限りにおいて、要するにそはその時代の傾向に従うより仕方がないからである。現代においてこの二種の傾向を有する人々が併存しておのおのその塁によると同じく、異世においてもまたこの傾向が相抗して、一張一弛一進一退していたのであった。時代の傾向がときとして過程の上に真理を認めんとするの多きこともあれば、またときとして目的の上に真理を認めんとするの多きこともある。人類の文化生活は目的が過程といえる一主調をもってこれを貫くことができると同じく、建築様式に関する一切の思想史はまたこの前提をもって分類総合することができる。

さらば、現代は目的に真理を認めんとするの時代か、過程に真理を認めんとするの時代かといえば大観してこれを後者なりと断言せざるをえない。もとより、現代といえども、これに反する思想は厳として存している、けれども十六、七世紀に「ガリレー」や「ベーコン」や「デカルト」に現われたる「ルネサンス」の精神が近世科学文明を起こして人類の文化現象の上に常に新しい事実を寄与して以来、この新しい事実から新しい思想を産みつつあるにおいては、現代の傾向は、明らかに目的よりも過程の上に真理を認めんとしつつあるを看取せざるをえない。新しい思想が先に生まれてしこうして後新しい事実が生ずるならば、過程よりも目的が力強い影響を建築現象の上に寄与するであろうが、それとまったく反対な順序をもって、新しい思想が生ずるとせば目的に真理を認めるよりもむしろ過程に真理を認めるのが自然ではあるまいか。たとえば吾人が近世初期における産業状態について学ぶがごとく、いまだ科学精神の勃興せざる時代においては一つの「ギルド」における弟子たちは年期奉公としてその間つまびらかに彼らが主人たちの手法を忠実に会得する以外に彼らがやがて来ん主人としての地位を恥ずかしめざる方策を知らなかった。この場合において、弟子たちに絶対に必要であったものは主人の思想であった。彼らが長い年期奉公中における惨たんたる苦心はいかにして主人の全思想の精神を会得するかということに費やされたといっても過言ではなかった。かくて承継したる彼らの思想は「トラディション」の領域を脱することができなかったのである。したがってかかる思想に育まれた新しい事実は彼らがある目的に接近せんとするより高き階級であったのである。しこうして、かかる時代における建築様式が戦争や巡礼や交貿などによる異邦人の芸術思想に触れる場合がない限り、とうてい一つの規範より超脱すること能わずして彼らの美的および構造的に、すなわち一般建築様式にたいする観念が常に前代文化の踏襲であって一つの順当な「トラディショナルステップ」を一段一段踏みしめていったことは当然の成り行きであったといわねばならない。いわゆる独創などということや建築的革命などということは近代科学が真にその価値と「アビリティー」とを顕わすにいたるまではとうてい望まれないことであったのである。ゆえに時代の仰望は天才の出現であった。時代は天才の出現によって驚異と改革とを呼び起こすにいたるまで一般民衆や一般建築家の脳裏には、深く伝統的執着心が強固な美意識を構成していたのはけだし当然の事実であるというべきである。この場合「時」と「力」とは建築が有機的に人生に即するためにはなくてはならない必須の条件であったのである。「クラシック」も、「ゴシック」もその他一切の決定せる過去の建築様式が一つの「スタイル」となるにいたるまでは天才たちによって覚醒させられた広大な民衆の力と長い時の助力と目的の上に真理を認めたい古い時代には必要であったのである。

しかるに建築が近代文化の潮流にさおさして以来、その構造および材料の進歩とともにわれらがすでに前節においてのべしごとく美的観念の上に一大改革を起こしたることは当然なる出来事といわなければならない。

真に近代人のいかなる芸術も科学の助けなければ完成することができない。したがって、吾人はいかなる芸術も思想も科学の助力によって自由に発表することができ哲学によってこれを批判することができるようになったのである。

ゆえに吾人は、吾人の自由のためにはあえて必ずしも前代の手法や様式によることの必要が少なくなったことは、今日いわゆる「新しい」という言葉が建築の意匠に関して一般青年建築家の中にかなり強い根定を有する当然の傾向をうかがうことによるも明らかなる事実である。今日一般に学校教育において「メーソンリー」とか「カーペントリー」というごときその多くが半ば伝修による学課が軽視せられ計画とか計算というごとき基本学課が重要視せらることを連想するときに、われらは現代建築界の主潮を知るにかたくない。

しこうして、今日の文化意識が、将来においてもまた変化せざるものとせば、この傾向がなお将来に向かって進展する状態を考えるときに、今日一般に論ぜられているところの主義とか意義とかに関する議論のうちに大なる誤りを発見するものである。

今日における一般の様式論者は過去においてかくありしがゆえに将来もまたかくあるべしといい、彼らの議論はすべて過去の事実の上に根底を置いて将来を論じ、またはこれを推断せんとしているのである。しかるに吾人が再三論じたるごとく近代人の頭のうちに培われたる科学とともに発達せる自由精神のために吾人の直感は古来の殻を破って無限活動の範囲を拡めたのである。すなわち消極的に一定の規範に蠢々《しゅん》していた吾人の感覚や印象が積極的に活動することができるようになったのである。「クロイッチェ」のいわゆる「直覚の積極的加工」ができるようになったのである。かくて真理は過程のうちに存ずるようになったのである。

したがって吾人はかかる思想や研究方法をもってしては、とうてい真の解釈を得ることはできないのであって、つまり彼らは目的のうらに真理を求める古い時代の連想以外に一歩も出ていないのである。

いやしくも近代の文化運動の梗概だけでも知るものにとっては、かかる議論は一種不可解なる立場にあるものといわなければならない。過去はすべてわれらの一切が過去に没入してこそ、また、将来はすべてわれらの一切が将来に合体してこそ、真実の批判がなしえらるるのであって、異なれる時代におけるわれらの批判は、決して真実なるものとはならずして、われらが真に批判することを得、また批判しうる「アビリチー」を有するものはただ現実のみに限られるのである。

われらの様式はもはや過去の事実のうちに見出しうべきものでなくして、われら自身のうちにあるところの、近代文化の恵沢が資格づける思想と、能力のうちに潜在して、これが将来われわれの生涯における建築的手段のうちに自由に表われるものである。かくてわれらが求めんとする現実の様式は、個性に自由なる、しこうして大胆なる発表以外にはあるまい。後段にのべるごとく、念々刹那にこそ様式の創造があろう。いいかえれば創造は刹那であらねばならない。かく考えくれば、われらは現代における建築行為の上になんらの目的をも認めることができない。われらの念々刹那の行為はすなわち転成にして、この転成の上にわれらの知力の全幅を挙げて物の本質にたいする窮極と交渉しようとするのである。

切論すれば現代建築様式の傾向はなんらの目的をも有せぬをもって主要なる性格とする、この点より観察してベルグソンが創造的進化を論じて『進化と云うものはある特別の道を指示するのではなくて終局を狙うというよりもむしろ方向を取って、しかもその適応においてさえも創造的なのである』といっているのはよく現代建築様式の性向と一致していると思うのである。

われらの解するところによれば、ベルグソンがいうところの創造的進化にはなんらの目的がない。一切の転変合成は果たしていずれを目的として進化すべきものか、いかなるが転変合成の窮極か、いかなるが創造的進化の落所かを知るに苦しむのである。もとより窮極する転成落所ある進化があるべきはずなければ、一度窮極と落所とに行きつけば、ここに転成と変化とはまったくなくなるのである。しいていうべくんば転成は転成が目的であり変化は変化が目的であらねばならぬ。念々刹那が真でもあれば目的でもある刹那の転成と変化とを撥無して、ついになんらの目的をも捻出することはできない。われらが現代建築様式にたいする煩悶は実にここに胚胎するのである。しこうして、目的のない転成と刹那の変化からは、永遠につねに倫理、久遠に存ずる神を認めることはできない。転成の目的には涅槃もなければ、神もないただ純粋の時却あるのみである。

かくのごとく論じ来れば、現代における建築様式とおよびこれに関連するわれらの思想からは、当然の経路として、宗教と倫理的意義を生ずることはできない。もし、ベルグソンの哲学をもって、現代思想の無目的なる傾向から生じたものとすれば現代建築様式は類推して宗教と倫理的意義を付することはできない。つまり久遠なる建築芸術の意義は、刹那のうちに流れ去らなければならない吾人が前項数節にわたって研究したる議論はほとんどこの無目的なる建築様式の窮尽に費やされたといってもよい。多くの人間の血と肉とを下積みとして、ただ一人の資本家は微笑み、冷酷なる科学者は己が計算に誤りなしと誇っている、かの「マンハッタン」の奇観こそまさに煩悶せる現代建築様式の産める邪道である。

現代建築様式の煩悶はいかにしてこの無目的なる傾向を宗教と倫理とに約してその商を見出さんかというに存ずる。換言すればいかにして過程の真を目的の真に調和せしめんかというにある。これがためにはすなわち科学をヒュウマナイズする以外にわれらに残されたるなんらの方法もないと信ずるものである。けだし私が前数項にわたって論じたるがごとく、建築行為の一切をあげて科学に依拠し、しこうして近代文明の志向が科学に真の根拠を有する以上、この志向が今後なお変じないものとすれば、科学の本性として当然様式は無常であらねばならないといった。しかし私は今日における科学の陥れる邪道にまで信拠せんとするほど寛容ではなかったつもりである。

トルストイなどもいっているようにすべての意味において従来の科学は多くの破綻を生じた。しこうしてこは現欧州戦場において救うべからざる欠陥を暴露し惨禍の原因として科学にたいする呪咀が今日多くの識者によって高潮されるにいたったのである。つまり現代建築様式の邪道に陥りし原因はまさに破綻せる科学にたいする無批判なる全信頼に存ずるのである。さればわれらはいかにして科学を「ヒュウマナイズ」するかはおのずから別途の問題であるが、とにかく私は前述せしごとく「ダヴィンチ」や「ガリレー」によって体験せられたる「ルネサンス」の科学精神を研究高潮することはこの問題にたいする断案と信ずるものである。これによって一貫せる久遠の真理に建築様式が真実の生命を得、われわれ人類がこれによって「ヒュウマンウォース」や「ヒュウマンシグニフィカンス」を知ることができるのである。その時こそ個人主義は人道主義と一致し、過程の真は目的と合体し、目的の真は過程と楔合するのである。これ私が本論文にたいする諸論である。もし世界の文化が一つになる時が来なければならないことが本来の志向であるとすれば、その時こそ建築様式は一切の事象に共鳴し、一切の差別を打ち貫いて、そこに大なる歓喜が妙なる旋律に打ちふるうであろう。「ヘレニズム」の上に「へブライ」の黒い法衣をまとえる「ジュリアン」が神たちの進軍の先頭につっ立って黒旗を巻き下す（メレジオウスキ著『神々の死』松本雲州訳）「マンパワー」の虚偽が取り除けられるであろう、すべては普遍われに帰一するであろう。一切の経済、一切の交通、一切の思想……それはすべて一切の科学が世界に帰一する時にこそ、世界的理想の空中楼閣に、適確なる基礎をつくり、国家主義的国粋論者に四海同胞の真実の装飾が施されるであろう。

われらは、こうした人類と、神の世界の建築とを産まんがため、――それは遠い将来であろうが――現実の世界から将来を仰望しよう、すべて現実を歓喜し、現実の純真性の上に人の響を打ち鼓らそうぞ。

それは国人の義務である、国家の責任であり世界人類共通の仰望であらねばならぬ、われらはやがて世界がただ一つの様式を産まんがために、そしてそれが一切の差別を打ち貫かんがためにわれらは一切の交通、一切の経済、一切の政治、一切の芸術すべて一切の科学と哲学とを見なければならない、すなわちわれらは文化の先駆者であらねばならぬ。

（八、八、十四）

「グラス」に語る

彼は一日夢遊病者のように町の商店街を歩いていた。そこには三越や大丸や白木屋があった。シカゴのマーシャルフィールドもあった。ニューヨークのギンブルもロードオンテーラーもフィラデルフィヤのワナメーカーもあった。ガラスの列、商品の山など彼の目に映じた飾り窓に向かって、彼はガラスに何を語り、何を話したか、以下はその記録である。どうか皆さん、しばらくの間それを読んでいただきたい。

グラース！

君が人間の所有権を紙のような薄さをもって法律と権力と個人主義的経済圏を守っていることは、おそらく他のどんなものをもってしてもまねることはできない芸当だろう。だが、君はたんにそれだけのはたらきをするばかりならまだいいとして、君はまた資本主義のお先棒を勤めるどころか、むしろその先端に立ってたえず人間を誘惑しているとは一体どうしたことだねー。それはエジプトの昔、神様の恵みによって人間社会に産みつけられたその運命を越えて君はまったく予期しない方向にではない、むしろ邪道に迷い込んでいるとは気付かないのか。博物館の棚の上に君らの遠い祖先が虹のような色を浮かべて並んでいるのを見ると、実に今昔の感にたえないというのはこんなものかと思わされるんだ――それから君はただ自然の暴威と戦って長いこと人と家とを守ってくれた歴史と、それを守ってくれた一つの材料として人間の生活に役立ってきたものが、いまの変りようはまたなんということなんだ。君が持っているその美しさ——透明の——だが、おそろしく大胆な君の姿は欲望とその対象をへだててはいるが誘惑そのものだ。魔女の、香料を塗った魔女の裸体に等しい君の姿の奥には、人間のあらゆる罪悪と欲望をとげるに十分な「物」と「誘惑」とが潜んでいるんだ。さぞかし創造の神という奴は、君の姿を見てなげくことだろうよ。

いまのところどこまで君は時代の寵児であるのかわからない。人を人とも思わぬ近頃の大胆な姿はおそらく心あるものの指弾をうけるに十分であると思うのに、なぜ、純潔と、道徳と、神とを、専売のように心得てる人たちは見のがしているのだろうか。君の姿と君の性質は近代における不可思議なるものの一つであるといってもいいのだ。都会的なそして科学的な君の美しさは、独り資本家的社会に重要せらるるばかりでなく、モスクワにも人絹の靴下をガラス越しに、いや君の姿を透かして欲しそうにジッと眺めているマルクス的フラッパーがいるそうだ。そうなると同じだね！ 人間という奴は。僕はなぜ君が人の欲望と物との間に立って利用されるかをよく知っている。アメリカ的社会といわずロシア的社会といわず、君は君の持前以上に利用されすぎてはいないのか。かつて物を照らすことだけで義務を尽していた電灯が、近頃ではもう立派な芸術となってしまった。それ以来君の姿は光と色とをもって偽りと誘惑とをもって、いよいよ美しく誇張されてきたのを見ると、どうしても人間が本当の生活をするために有用な働きをしているとは受け取れないのだ。だが、近代の建築家はもちろん、近代の企

業家も生産者もその建築も、君をあまりに信じすぎているし、また君の魅力に陶酔しすぎているようだ。おそらく君自身君の運命を恐ろしいものと思わぬことはあるまい。そこで僕は、君を科学の力をもってする近代的ペテン師のうち最高の役目をする者の一つだと断言するにはばからない。しかも、君は臆面もなく衆人環視のうちにつっ立ってマネキン的作用をする。路と家、いや欲望と財貨に透しの垣を作って人を誘惑する。建築家たちはあらそって君の姿に追従する。企業家は君の魅力をあのずるそうな手段でもって利用する。もういい加減そんな罪な役目を縮少してもらう意志はないのかねー。しかも君はたしかに人の生活を活発にし、人の生活を明るくし、また人の生活を愉快にした。だがそのかわり君は生産者のために散兵線を敷いて

人間の弱点、いわば人の罪悪を挑発して資本家的二重搾取手段のお先棒をつとめているではないか。見ろ！　デパートの窓という窓を。その誘惑を。それを眺める人の目を。その醜悪な顔を。

先ごろ大阪にもマネキンガールが現われて好奇な眼をわれこそと思わん人たちによってデパートは人の渦を巻いたとの噂が新聞をにぎわしたが、いったい企業家というものは人のふところ勘定と収益のためにどんな手段でもやってのけるものだと思われる。早い話だが、ニューヨークに行ってみたまえ。デパートのなかで物腰やさしいマネキン娘をホンモノのマネキンだと思ったら大まちがいだ。その唯物的行為は、赤い着物を着た町の娘に、青い舞踏着をつけた女優に、はては掃除道具を持つ美しい掃除女にふんしたマネキンたちをして、ブロードウェーの飾り窓に、五番街の店頭に人の山を築いているのだ。さすがにヤンキーたちもこのあさましい人間広告をいいものだとは思うまい。君は一体これをなんと思ってるんだ。僕はこのあくなき企業家の手段を決していいものだとは思わないが、グラースよ君はそれを一体どう思う？

僕はあえて君に忠告する。君はいま建築家は企業家に、企業家はまた建築家によってあまりに利用されすぎてはいないのか一考を要する問題なんだ。君はいまその明るい科学的な美しさと、この広々とした姿をもっともっと人間が切りつめた生活、企業家のギマンと搾取とからさけて、たとえば中世紀のような生活をするために君の広さを縮める意志はないのか。くだらないことをいってると笑っちゃいけない、本気になって君のいきすぎた道を引きもどそうと思っ

シュツットガルトの駅附近に建つミース・ファン・デル・ローエの設計（実現していない）

ミース・ファン・デル・ローエ

て、こんなことをいってるのだから。

「ブリットル」という言葉を物で表わすなら、君くらいそれに当てはまるものはあるまい。それでいてその守るところは法律以上だ。試みにいま鉄と君との前にあって、盗人はそのいずれを破るであろうか。明らかに鉄は君よりも弱く無力だ。この不思議な特長と性質とを持って産まれた君は、人類の文化と、文明とを正しい道に歩ましているものとは思えない。その第一は前にもいったように、悪らつな企業家の先棒をつとめうること。第二、見えすいたぎまんをもって人を誘惑すること。第三、近代建築家にたいする建築家たちの無批判なる君にたいする信仰だ。見ろ！　たとえば蟻のように群がっているフラッパーを、ラッパズボンの常習的安物買いの諸君を。

なにゆえに君はそのぜい弱なる堅い力をもって、人の所有権をその透明な姿をもって確保しようとするのか。明らかにいま現代の法律と、警察官諸君は君の前に、無力を示しているではないか。なぜなら、君はそのただ一枚の、たとえば紙のような薄さをもって、人間の欲望という欲望を目当てに星のように輝くダイヤモンドで人間の心の奥に巣喰っている、ある野性と黒く混った毒血を沸きたたせるからだ。君は企業家の前哨であるばかりか、それよりももっと大きな役割は誘惑の手先だ。たしかに君は近代の文化的罪悪史に重大なる役割をなすものの一つだ。もし人間の社会において君の誘惑、君の魅力をもって人にせまる者があるとしたら、法律も警察官もだまってはいないだろう。君は確かにそれらの無力を笑っているようだ。

かつてデパート無用有害論をとなえた人があった。人の生活のため、その必要のために産まれたデパート、ワナメーカーは、いま日本に移されて誘惑と浪費の府だとまでは極論されぬが、ともかくも社交と紋付きの着物を着て来る遊山気分、デパート情調は確かに日本デパートの一特長である。僕はいまさらのごとくチェーンストアー、ウールウォースの十銭店をうらやむものの一人である。日本金にしてタッタ二〇銭のスプーンが、すれるほど使ってもまだ銀裸を保ってあせない。その飾り窓は必ずしも誘惑的でないがすこぶる実質的である。ならべられる形は必ずしも近代的ではないが、すこぶる内容的である。窓は低くして広いとはいえないが、出入りする人たちは無為である。デパートに紋付を着ていく有閑婦人はないが、籠をかかえ手さげを持った多数のハウスワイフとチミッドワイフとを顧客とするこの十銭店の情景を見ては、い

まさらのごとくアメリカと日本を比べてみる。映画的なアメリカではない、都会的なアメリカでもない、軽薄なハリウッド主義でもない、チミッドワイフのアメリカを、そのアメリカのチミッドワイフを見よというのだ。

テンポの早いことをもって名誉とするなら、日本の建築はその最高なものの一つであるにちがいない。だがそれははたして本質的な推移をもって流れているであろうか。商売によると一年の間に二、三度くらいの模様がえをしなければ客足がにぶるとさえいわれているのは一体なぜなのか。コルイズムを鉄をガラスをとやかましく、たとえば学生のように、たとえば大学助教授的思弁をもって建築のことをやかましく論じているまに、ジャズ的変化とその建築的手段をもって銀座の街は手軽に変えられていくのだ。ただ一つの雑誌、ただ一冊の商店建築号さえあれば店の建築はいくらでも生産できるというのが銀座の建築なんだ。東京を警戒しろ！　その直訳と不消化の東京を。東京式を。

拝啓。前略……小生その後独露に遊んで議論をたたかわした結果、かつて小生がとなえた住居機械の説は、いささか変更するの必要を感じ申候…下略……。これはコルビュジエがスタジオの編集氏に送った手紙の一節であると思うが、訳のまちがいはもとより僕には責任がない。かつてピカソがなんだかわけもわからぬ絵を描いていた、夢中になってピカソを追いかけていた絵かきたちがあった。ピカソは手をあげていった、いままでおれがやってきたのはみんなクラシックへいく前提なんだ。といったときにそれを聞いていた日本の絵かきたち、過ぎたものでさえあればなんでも馬鹿にしていた、日本の絵かきたちのあるものがぼー然として開いた口がふさがらなかったかどうかは知らないが、多分あったことと思うが、グラースよ、あやしげな日本のコルイズムファンに、その思弁に、君はあまりに柔順すぎると思わないかねー。だれかがいったように過渡期というのは、古いものから新しいものに移ることだと思ったら、日本の過渡期だけは新しいものから古い物に移ったようなものだとさ。

建築一言／商業的一面

A　酒場のボス（ちょっと理屈をいう男）
B　（A酒場の筋向うにある酒場の名。末梢神経的アクドイ建築）
C　建築家
道頓堀の夜景。赤い火青い火あり。A酒場改築落成の日、B酒場よりヤケにジャズの音聞こえ小僧、小商人、モボら多数酒場に押しかける。

C　Aさん、その電灯をも少し明るくしたらどうです。ついでに赤い火をやめてもらわないと僕の設計は台なしになります。あの形はトゲトゲしすぎてるじゃありませんか。僕のいうとおりにしてください。
A　どのくらいにしたらいいですか？
C　この雑誌をよく見てください。いいでしょう。
新着のフランスかドイツの雑誌を見せる。
A　少し考えて　Cさん、せっかくあなたにやっていただいたが、なんだか客がサッパリ寄りつかないし……やはり元どおり赤い火、青い火でトゲトゲした建築のようなものにしてくださいませんか。Bのようにしてくださいな。そのほうが客がよく集まるようですから……。

C　なぜです？　そんなヤクザなものなら装飾屋にお頼みなさい。僕はやる気になれません。建築家はそんなものをするものではありません。

A　そういわないでやっていただけませんか？

C　できませんね。そんなにやりたいならどうです。……一体なぜそんなことというのですか。

A　客がこないんです。ふしんをしてから……。

C　なぜです？

A　なぜって……こないから、しかたがありません。ふしんをしてからすっかり客足がにぶったんです。Bカフェを見てください。

CちょっとBを見て、いやな顔をする。またAの顔を見る。

やかましいほどジャズはあるし、電灯も装飾もなってないんです。とてもデザインなんかなっていないとあなたがクサされますから、あなたにお願いして、すっきりしたものにしましたが、ふしんしてから私の方のお客はすっかりBにとられてしまったんです。困るなあ……。

C　そりゃ行くやつがなっていないんです。低級だからです。T町へ行ってごらんなさい。そんなカフェは一軒だってありませんよ。

A　お説は何度もうかがってわかっております。私だってT町に行けばそうします。

C　O町だって、ゆくゆくそうなりますよ。しばらくお待ちなさい。

Ａ　私の方は日歩のついたお金を使っているんです。待てないんです。そのときになればまた、そのときの気持ちに合うようにします。いま、いまが大切です。いやでしょうか。あのあくどい元のとおりのようなのにしていただけないでしょうか？

Ｃ　まあお待ちなさい。僕のやってるのは尖端的な流行型です。フランス風を加味したんですが、国民性と時代と環境に合った合理的の建築ですから……。

Ａ　私の方は何式でもいいんです。一番もうかるやつがいいんです。客が集まるようなのがいいんです。

Ｃ　低級な趣味は結局いけないんです。

Ａ　私には低級が何だかわかりません。多数の客が好いたもの、一番利益のあがるものがいいんです。またそれが一番高級なものだと私は思ってるんです。

すこし語調荒くなる。

高級とは……高級とは、一体どんなものが高級なんです。いくら高級だって損をするような高級が、いまどきなんになります？

Ｃ　（買い言葉で）あなたは教養がありません。教養のない人にはわかりません。

Ａ　高級や教養がなんです。自分勝手な高級や教養がなんです。役にも立たない教養や高級がなんだ。言葉や技術にかくれた教養や高級が一体なんの力があるんです。

語気さらに荒く、

このカフェーは一体だれのものです。私のものじゃありませんか。私の命と家族を養うために必要なカフェーです。あなたの高級や教養はご自分の家を建てるときに使ったらいいだろう。私はあなたに設計料を払っているんだ。金をやったうえに私の希望は達しられていないんです。あなたのお草紙になりたいために頼んだのではないんです。Bカフェーをごらんなさい。あのとおり、人だかりです。

このときAカフェーを圧倒するようなジャズの音聞ゆ。

C　Bカフェーなんか、アメリカ式のヤクザなものです。頽廃的な表現派風のいやらしいものです。僕はあんなものをどうしてもやれません。いったい建築は建築家の人格を表現するものです。

A　なんですって……?!!　他人の建築を建てておいて自分の人格を表現するんだと……!!だれがそんなことを頼んだ……!!　この建築を一番よく知っているものは私です。私は私の生活、私の魂を表わしてもらうためにあなたに頼んだんだ。なんでもいいから私の考えを表わしてくれませんか。

C　科学が進歩したいまごろ、あんな旧式はやれません。

A　馬鹿なことをいっちゃいけない、学問が進んだからこそ、どんなものでもやれるようになったんじゃないか。学問が進んだから旧式のものはやれないという理屈はありません。一体Bカフェーがなぜ古いんです。私にいわせると一番使いどころのあるものが、一番新しいんだ。いくら新しいものだって、客がこないものが何になる？　あなたはペテン師だ。世間を知らない人だ。古いも新しいもあるものか。

C　僕は新進の建築家だ。僕の建築理論は建築界を指導してるんだ。

A　指導されるやつが馬鹿だ。どうしても変えてくれませんか。

C　御免こうむる。金の話を聞くと反感が湧く。一体あなたも資本家のような搾取をやっているんじゃないか。

A　もし私が悪い資本家としたら、あなたの高級や教養はそれ以上に私の生活を搾取し、欺瞞し、また翻弄しているんだ。設計料を返し給え!!

C　頼んだ以上は返さぬ。返す理由がない……。

A　……。

C　……。

……………………………………………………

読者諸君……このゆえに僕らはCおよびC式建築家の意識を疑う。その尖端的旧式を笑う。C式新派は、はからずも僕らの祖父の時代と隣り合わせであることを知る。高級とは、教養とは一体なにか。笑え、世間知らずの教壇的な題目を……。

四月九日　　奉天にて

建築の経済問題

第一章　緒　言

建築の経済問題は最近、建築企業ごとにビルディング（building）にたいする投資と、その結果によって著しく世間の注意をひき、これに関係する建築家はその計画の初めにおいて、あらかじめ投資収益などの採算について依頼者に相談をうけ、またその採算上の結果を知らしめることの必要に迫られてきたのである。しかしながら建築家が建築そのものの意匠以外その収益または投資などについて、あらかじめ経済計画をなすにいたったことは、日本においては最近のことに属するといってもよく、いわば日本においてはこの方面の正確なる知識は、企業家に属するものとしてやや等閑に付せられたような傾向があったのである。しかるに外国の例に従えば、建築家は自己の計画による建物の営利または商業的効果、すなわちその経済価値について、あらかじめその依頼者に採算の基礎と結果とを提出して、建築の完全なる働きについて企業家の同意を得ることを例としているのであった。たとえその結果が企業家の立場と一致せざる場合といえども、建築家は自己の計画にたいする経済的効果については、必ずしも企業家の営利的見解とその立場を同じくしていないばかりでなく、その専門的立場よりして企業家とは別に、あるいはそれ以上に建築的効用とその結果の打算についてはもっともよく建物を理解しているはずであるがゆえに、建築家の採算とその行程は、普通、企業家に取りては唯一の参考資料となり、また現になりつつあるのである。これがために建物の商業的価値、土地と建物すなわち地代と家賃との関係についても種々の研究がなされ、またかなり科学的研究がなされているのである。しかしながらそれらの研究は各部門ごとに優に一冊をなすに足るだけの内容があり、かつその関連するところ都市問題、土地問題、社会問題などにわたって、とうてい短日月の間に研究しつくされるものでもなく、しかのみならず性質上この種の研究は長年月の間、たえざる観察と注意をなすの必要があり、さらにその関する範囲は非常に広汎であるために、土地改良論者、住宅問題研究家または建築の経済的立場などより種々の議論がなされて、学者の間にも一致したところがないようであり、ことに土地問題、土地と建物との関係のごときそのもっともはなはだしい例であるといってもよい。

かくのごとき広汎なる問題をとらえ、わずかな紙幅をもってよくのべ得らるべくもなく、また私はその資格あるものとも思わない。さればこれがために私は建築経済上のべなければならぬ問題たとえば建築形態が土地に作用する影響、地域制あるいは建築取締規則などの経済的考察など、かなり重要な問題についてもその概略にとどめるにすぎないような有様であったのである。ことに最後においてビルディングの**運用状態**または**経済的作用**の実際理論との比較研究はもっとも興味あるものであったにもかかわらず、紙幅の関係と事実上の発表を懸念してこれまた割愛することとなったのである。

地代論と地価に関する議論は、リカルドー氏（Rikald）以来経済学上の難問であるがごとき問題をとらえて、本講の項目としたることは実は私自身その分を知らざるものといってもよく、ひたすら過なからんことをおそれるしだいである。しかしながらボルトン氏（Reginald Pelham Bolton）が“**建築はたんに地用の保証にすぎない**”と喝破しているように、建築の経済問題はしょせん土地問題に帰着することが多いとしてみれば、われわれはまず地代の性質から研究することをもって至当であると考え、この問題に相当の紙数を費やしたのであるが、ただ過なからんことを思うしだいである。

私はあえて建築の経済問題について堪能であるとは思えない。ただ今日まで多数のビルディング建築に関係し、したがってこの問題の研究は必要であったし、またいささか興味と理解を有し、いささか研究と調査をなしているにすぎないのであるが、いよいよこれに系統をたてて研究することとなれば、第一、集めえたる調査資料をいかなる方法によって整理するか、またその資料がはたして有効なるや否やについても規範となるべき参考書を得ることは必要であったが、私は不幸にして日本にはこれに関する科学的系統的研究をなしたる文献を得ることができなかったのである。されば私は、本講のために前掲ボルトン氏、エバース氏（Cecil C. Evers）、フード氏（Richard M. Hurd）などの著書を参考としたのである。ゆえに私は以上の三著に負うところ非常に多く、またそれらの著書はいま私の知る限りにおいて建築経済上の教科書といっても差支えないのである。また日本においては、現大阪市長にして都市問題の大家たる関博士の著書に、土地問題については河田嗣郎、高田保馬の両博士の著書に、実際的の問題については大阪ビルディング理事者に負うところ非常に多い。

第二章　総　論

土地はそれのみにては、一個の不生産的財にして、たんに税務署の注意を引くにすぎないのである。しかしながらいまこれに資本を投ずることによってわれわれはここに土地からある利潤を得ることとなるのであるが、その利潤は常に必ずしも有利であるとは限らない。その位置、性質などによってこれに費やしたる生産費の割合により利潤の上に差等を生ずることはまぬかれないのである。いわばこの場合、土地の位置性質など地用の重要なる函数は、利潤のためにきわめて必要なる問題として表わるることとなるのであって、これが研究は投資上非常に重大なる意義を有することとなるのである。私はこれを**地相**と呼んでいる。ゆえにもしわれわれはこの地相を正確に知ることができれば、したがって建築企画上大部分の要件を解決したものといってもよい。しかるにこの地相は今日のところ帰納的にある程度までは測定することができるのであるが、もっとも重要なる点にいたってはいわゆる企業家的精神によるほかはないといっても差支えない。されば建築経済学上の大半部分の研究は、土地問題に帰着するといってもよく、現にエバース氏は、ボルトン氏もいったごとく〝**建物はたんに土地の付属物にすぎない**〟といっているのは、よくこの間の事情をいい表わしたものと思う。

しかるに土地に関するすでに指摘したるがごとく、その根本において社会問題、政治問題などに関係があり、したがって一国の政治的機構のいかんによりその性質、運用を支配せられ、自然その経済価値の上に反映せられるところはまた建築上の問題としてその範囲を限定することとなることは、土地または地代に関する問題において広く知られるところである。それが資本主義的社会にあるか、社会主義的機構のうちにあるか。とにかくその左右せられるところの社会的政治的影響によって非常な差違を生ずるものであるがゆえに、一概に建築の経済問題についてのべることは不可能である。現に土地国有を実行しつつあるドイツと、個人の自由と権利とを憲法によって保証せられているアメリカの建築問題と、またわれわれが目撃しつつある日本の状態との間には、それぞれ異なったる事情と影響があり、したがってその研究はそれぞれの立場において参考となるとしても、問題はついにわれわれの場合に帰ることはもちろんである。されば本講においては現にわれわれが立つところの実際社会に広く行われつつある実際問題、その社会的条件と、これに近似する種々の文献とにより、建築の経済的運用についてのべんとするものであって、おそらくはこれが実際上の要求であるべきを信ずるものである。

私はここに建築の経済問題、特に建築企業の立場において考える場合において、もっとも注意すべき点は建築取締規則との関係であると思う。地域制といい、また建築取締規則といい、本来は企業の合目的保護とその発達にあると思う。現にアメリカの各都市は地域制の採用によって、往年の自殺的投資から覚醒はしたが、決してその企業的立場を害せられることがないといわれているのである。もちろんアメリカにおいてさえも、たとえばロサンゼルスのごときその制限にたいして緩和すべき点を主張する人もあるけれど、だいたいにおいて企業の目的と関連して著しくその運用の円満と経済的にまた理論的にその有効なる結果を示しているものである。アーキテクチュラル フォーラム（Architectural Forum）誌の報ずるところによれば、一九二九年度におけるアメリカ全部の建築予想総額は、政府の建築を除いても約七二億ドルといわれ、その内アパートメント、オフィス、ビルディング、またはこれに類似する建築にして、建築そのものが直接企業の目的となるものの建築費総額だけが、約一五億ドルというがごとき驚くべき数字を示している。もって米国における建築的投資のいかに盛んなるかを知ることができよう。いささか旧聞に属するが日本勧業銀行の調査によれば大正十五年度における六大都市の建築費は、住宅一億八〇〇〇万円、商業用建物一億八八〇〇万円、工業用建物五七〇〇万円にしてその他の建物を合計すれば建築費総額は約四億四九〇〇万円くらいにして、延べ一坪当たりの平均建築費は次のとおりである。おそらく今日といえどもこの価格に大差ないことと思う。

大正十五年度における建築費単価（延べ一坪につき円）

	住	商業用	工業用	その他
木造	一三五	一六〇～一八〇	一〇〇	一六〇～一八〇
石造	二七〇	二三〇～二七〇	一八〇	二三〇～二七〇
鉄造（また鉄筋コンクリート）	四〇〇～四五〇	三二〇	一六〇	三二〇

私は先に建築における経済問題と取締規則との関係について注意を向けたが、はたして日本においてこの点につき十分なる研究と運用の実際的効果について考えられ、また考えられた結果であろうか、第一、利用率の制限について、たとえば絶対高さの問題について、たとえば光線の問題について、たとえば安全荷重の問題について、たとえばその運用および運用者の非経済的解釈について、数えあげれば多数の問題が考えられるのであるが、われわれはこれらの制限のうち、あらためてその運用と効果につき経済的な考慮を払うことによって、さらにその過酷なる取締りを緩和すべき点を論ずることは徒労であろうか。都市の人口は日々その数を増し、その集中の密度を増し、その交通は都市の外延的、平面的効果を表わさんよりもむしろ、かえってますます中心地への利便と集中との傾向を強め独占的地用は依然として都市の中央を離れないのである。これがために騰貴する地価は、あるいは建築の高さをさらに低めることによりて低められるよりもある程度まではむしろ利用率の増加によりてこれを緩和せしめるよりほかはないとさえ考えられるのであって、利用率の絶対的制限は、たんに企業の点についてのみならず、かえってテナント（tenant）のためにその負担を増加するがごとき結果を想像することは困難でない。ある程度まではやはり、地価に比例してその利用率を増加すべき通則は、日本の場合においても適用されなければならないものと断ぜられるが、さらにわれわれは交通の問題について考えたい。

普通、**家賃**（rent）と称せられるものは、建築費と建物の維持に要する資本の利子とを回収されるものと、元金の償却に充つべきものとを合したるもの、および、建てられたる土地の地代とを合したるものにして、理論上真に家賃と称せらるるものは地代を除きたる部分のものに相当するものを指すのである。家賃に関するかくのごとき経済的概念は、いかなる建築といえども適用されるものにして、一見非営利的建築たとえば自家用住宅、官庁の建築あるいは公共団体のごとき建築といえども、家賃の経済的掣肘を受けずしては考え得られないものである。ただそれらの建築が企業的建築たとえばアパートメントとかビルディングなどと異なる点は、前者においては利潤が直ちに消費に変わるだけの相違であって、いずれも営利的概念においては、もし経済制度の現状が存する限り存在するものであると考えた方が経済的でもありまた理論的でもあるのである。されば私はこの考えのもとに一切の建築を経済問題の題下に論ずべきであるが、その運用においてはもちろんそれらの非営利的建築は企業的建築からは区別して論ぜられなければならず、ことにその根本においては土地国有などの問題にも交渉するところがあるから私は主として企業的、営利的の建築、ことにオフィスビルディングまたはこれと同様なる性質、運用を有する建築について、研究することにしたいと思う。

建物の場合において、われわれが使用する利潤の意味は**総収入**（gross rent）すなわち通常、家賃として収得せらるる総額より、建物の運用に要する費用を控除したるもの、すなわち**純利益**（net return）を指すものであって、この利益は投下資本にたいする利回り、または配当率等を規定するものにして、純利益のいかんによって、建物の投資価格を決定すべき基準となるものである。この利率は建物の種類、用途目的および階級によって異なり、また一般の投資物にたいする利回りの市価によっても異なるものである。企業家の収得するものはそのうちからさらに、消却資金、法定積立金、各種の準備金などを控除したるものである。それらの利潤はすべてふつう家賃の形式のうちより収得せらるるものではあるが、土地と建物との経済的関係は以上のごとく、主として家賃収得の期間すなわち建物の有効生命の期間における現象であって、企業家の立場としては生命の終わりにおける土地と建物の商業価値の目算についてもまた重大なる経済的結果のいかんを打算するのである。建物の構造および商業的価値の減退、建物の有効生命、地価の騰落など、以上三個の価値が結果においていかなる値をもって現われるかは非常に興味もある問題にして、ときとしてこの関係が投機の形式をもって表われるのはその変態的、人為的行為のやや不自然なる現象であるにすぎないのである。しからばそれらの利潤はいかなる手段によって産まれるかといえば、すでにのべたるがごとく、ふつう地価に応じて建物の利用率を加減することによって得らるるものである。しかしながら、地価は通常地用に限度がある。ゆえに、利用率の増加は、建物の高度を増すよりほかはないのである。されば建物を高くすることの経済的意味を繰り返していえば、与えられたる地用の収得、すなわち地代を、利用率の増加、いわばその上に投ぜられたる建築費の増加によって得らるるものであって、これによって得られたる総額は、その地方における平均賃貸料の時価と、土地の商業価値との関係を表わすものであって、その利率がいかなるものにもせよ、建物の高さすなわち、利用率ばかりでなく、利用率の増加のために要したる資本すなわち主として建築費との間にもまた関係を生ずるものである。いま私は、建築の経済的行為を分けて便宜上次のごとくすることができる。

一、主要なる目的が家賃収得にある投資

二、地価高騰の過渡的時期間中の地用として投資せらるるものであって、ある場合それは地価の吊上策または地方関係の一手段となるものにして、タックス　ペイヤー（tax payer）と称せられる建物はこの一種である。

三、投機的建築

四、非営利的建築

第一は投資そのものが営利的企画の中心問題となるものにして、企業的建築たとえば住宅経営、ビルディング、アパートメントなど。

第二は目的そのものは地価にあるがこれが人為的でない点において第一に近く、結果からみれば第三に近い普通小規模の商業建築、小売商店などである。これらの建築はその土地がやがて殷盛の商業区となるにいたればさらに高級であって、大規模の建築に改造または改築せらるべき運命にあるものである。いわゆるタックス　ペイヤーの称あるゆえんである。

第三は一時的建築または郊外地などにおける土地投機の目的をもって建てられるものと、往年ニューヨークの下町またはその他の米国都市において行われたるがごとき極端なる建築投資による極端なる土地の集約的利用と、その間に起こる土地投機的傾向中に起こる現象にして、建築経済上かくのごとくの極端なる地用の建築を**自殺的投資**と称し、地域制の必要をなしたるものである。

第四は非営利的建築などと称するも、本質的にいえばやはり一種の営利的建築にして、利潤のこの形式において利益が収得せられないまでであって、ただちに消費に変化することはすでにのべたとおりである。いわば消費とは利用価値の対象となって、記念、奉仕、公共、威権などの利用価値の対象として働くものである。

近代建築のもっとも顕著なる特性は経済的であるといっても差支えない。宗教、封建などによって表わされたるものの建築、唯理思想によって変化したる近代建築以前の近代建築等は、皆その変遷の主動となるものは本質的であったが、しかし決して経済的ではなかった。ラスキン（John Raskin）さえも奢侈を経済的美論の中心から除こうとした。だが近代建築の中に含まれたある経済的部分は、たとえみずから崩壊の運命を内蔵するものとはいえ、それが社会の希望によって支持される限り存在の価値と理由を有するものとして、現在における価値とその認識の上に立って一切の建築の立場、および内容を是認するために、現実にある一切の建築を認めようとし、またその変化のうえに経済的価値を置こうとするものである。ゆえに、構造、美観、用途、施工などの現象の一切は、ひとまず経済の点において認め、ついで芸術の点において、いわばその巧拙の点において観賞せらるるのである。さればこの考えは明らかに形態を超越して新しくその出発点を、経済的価値、たとえば貨幣において収得せらるるものと、利用において収得せらる経済価値に置くものである。この点において一切の建築は経済的掣肘を受けるものであるということになるのである。ゆえに、かくのごとく建築の対象となるものは、一方において社会の支持、あるいは依頼者の意向と、一方においては建築的技術家の労作と、また一方においては請負業者の行為とおよびそれらの関係が、建築形態の上に表われ、これが将来いかなる現象を持ち来すものであるべきかについて考慮することは、経済建築上の重要なる展望であって、建築的技術者の技術的低下とその唯物的行為、建築主の営利的意向、請負業における打算の科学的討究、施工法の合理化、利潤の低下、下請負人の倒産、建築的大資本への統合などで、しょせん建築もまた資本主義の道をたどってしだいに行きつくべき道を歩いているにすぎない。ここに注意すべきことは、現に起こりつつある建築経営または建築的企業投資の現状、および将来への傾向である。たとえば大都市におけるビルディングおよびビルディングの間における経営上の競争的傾向と、投資における安定に関する問題のごとき各建築の間におけるテナントの移動状態を観察することによっても、われわれはほぼ企業における建築的傾向とテナントの意向を知ることができるのであって、このことは投資上における非常に興味ある問題であると思われる。おそらく経営者は将来いかなる方法によってもっとも有利なるテナントの永住性を持続せしむべきか、また有利なるテナントをいかなる手段によって誘うかについて最大の努力を払うべく、現にビルディングにおける施設において、また建築的意匠の広告的効果について、日々われわれの比率はこの点について非常な努力を払わされているがごとき状態をもって、将来の傾向を推察するに困難でない。日本におけるビルディングもまた外国ことにアメリカにおけるそれらのごとく、テナントの誘引のために誇大の広告を掲げるがごときことは必ずしも遠い将来ではあるまい。

建築の合理化はまた広い意味における単純化、機械化、カタログ生産化であって、工作場と組立場とを兼用したる建築の現場は、すでにたんなる組立工場と化し、工期短縮の傾向とあいまって、建築の生産化は近来著しくその合理化の道程を急いでいるのである。しょせん、企業、営利、投資、利潤を目的としたる建築はまた一切の生産およびその製品と同じく、民衆の向背によってその売れ行きを、その価値を指導せられることは、この意味において店頭において飾られる機械染めの友禅モスリンとなんの選ぶところもなく、創造、形式、芸術など、過去の建築に与えられたそれらの偽記念的勲章は、それらの建築的光栄とともに、一切は価値に換えられ、類形的傾向の潑醸となりつつあって、まさにこの意味において建築もまた一個の商品にすぎないといっても差支えない。この観察は明らかに建築における誹謗であるかもしれないとしてもわれわれはかつて建築に起こったところの唯理的変化は、さらに経済的見方によってその価値を見直す必要に迫られているのであると思う。

以上は主として新しい建築にたいする考えであったが、最近建築経済上の一つの重要なる問題として**改造**の問題はまた見逃してはならないことである。いわば利潤の再生産に関する問題であって、長い生命を有する建築としては当然起こるべき経済上の問題である。このことについて、ビルディングス アンド ビルディング マネージメント（Buildings & Building Management）誌は、ほとんど毎号面白く、かつ有効なる実例を掲げて投資者の注意を促しているのであるが、アメリカのごとく建築的企業の盛んなるところにおいて、多額の投資をもって永久的建築をなす以上、かくのごとき問題が起こるのは当然である。建物の構造的生命は建物の用途、構造、材料などによって長短あることはもちろんであって、二〇～三〇年より長きものは一五〇年以上、現に数百年の長年月にわたって実用に供せられているものもあるが、これらの永久的建築はたとえ構造的に生命ありとするも意味をなさぬものであるがゆえに、普通、構造的生命は耐震耐火の永久的高級構造物においても一五〇年くらいにとり、現にエバース氏も一五〇年と定めているが、かくのごとき長い生命の間に起こる種々の変化は、建築の商業的効果のうえに影響して、ついにはなんらの利潤もあげえない状態になるのであって、この期間すなわち営利的期間がいくばくであるか事情によって不明であるが、普通、構造的有効期よりも短く永久建築においてその五～六割くらいであるとせられ、一般にこの基準は投資上に採用せられているようであるが、最近流行の問題が建築上にもまた新しく経済的に考慮せられなければならなくなった。かくのごとき大衆的嗜好の営利化的風潮のために、建築の商業的生命には非常に影響せられ、概して、その生命は従来よりもさらに縮められるがごとき傾向を助長せられ、その他部分計画、町の変化などによる影響などのためにも、建築の商業的生命はしだいに短縮せられるのみであって、その商業的生命は一般に信じられるがごとく長いものでなく、最近ある統計によれば、三〇年以下といわれている。しこうしてこの傾向は今後しだいに助長せられ、したがってこの二つの生命の開きはしだいにその間隔を延ばすものと思われるのである。この問題は、建築の消却に非常な影響を有することは明らかであって、したがって建築改造の問題は、たんに廃物の価値を再生せしむるというがごとき単純なる問題ばかりでなく、最初よりこれにたいする準備と収益との間に研究さるべきことが必要となるのであると思われる。されば、建築はひとり現実の要求に応ずるばかりでなく、将来の建築的変化に従って、その商業的価値を上げるために、相当に改造しうるように意匠されなければならぬこととなるのであると思う。

以上私は建築の経済的環境について概略をのべた。建築経済上の競争、請負業者の傾向、技術家の技量、腕、利潤の低下と大資本への統合、建築形態上の問題などは、われわれの注意はたんにそれの変化にたいする外観上の観察にのみ費やされることを好まない。われわれはこれによって将来起こるべき建築上の変化について想像するにかたくない。しかしわれわれはそれを知っているとしても、その変化に応ずる過程を認め、これにたいする認識を深めるよりほかはない。されば、かくのごとき経済的見方においては、現在たんに形式についての問題はもちろんのこと、それらの推移についてさえも、われわれの観察はそれらの上にあるべきはずである。たとえばそれが利潤を産み続ける間は、そしてそれらが営利の目的である間は、私の講述もまたこれに従う。

動きつつ見る

「われわれがドイツにきてみると、ドイツ人よりもわれわれのほうが、ずっとアメリカに近いと感ぜざるをえなかった。アメリカ風な事物の中に、「故国」を感じるしまつだ。たんに、知識としてだけでなく、感情や感覚の領域にまでアメリカニズムの浸透をふりかえって認めざるをえないという事実は、いまさらながら、驚くべきことなのである。……ベルリンの労働者区域ノイケルンの中央にあるヘルマン広場に、百貨店「カルシタット」というアメリカ風の巨大な新建築がある。これを見ると私は、やはり「日本」を感じる。そのなかでアメリカ風の理髪店がある。そこへ行くとまた、日本の理髪店が、すべてアメリカ風だったのだな、ということがわかったりもする。

われわれは実務的で、明快で、スピーディーで、簡素で、衛生的なもののなかに感情の奥の方に、また感覚の隅々にも、現在の「日本」とくに「東京」を感じる。――建築におけるこのような「アメリカニズム」は、もとはといえば、オーストリアやドイツ自身が発祥の地でもあったが、いまではドイツ人でさえ、それをアメリカ風のものとして感じたり、理解したりしている。」

これはある人のベルリン手記だが、だいたいにおいて私も同感である。アメリカ資本で経営しているカルシタットも、ロンドンのセルフリッジも、アメリカ的であることは当然であろうが、ドイツの建築、ことに産業的な建築とその組織さえもしだいにアメリカナイズされてゆきつつあることは事実のようである。しかしながら私の興味を感ずる点は、ドイツの文化が一度アメリカに渡ったものをアメリカから逆輸入して、それをまったくアメリカ風だとベルリンの人たちが思っているのを、同じものを見ている一日本人が、「日本」を感じる。つまりベルリンにおけるアメリカ風なものを見てなんとなく「日本」を感じさせられるということは、いかにも皮肉のように思われる。

日本の新興建築のうちにはドイツ的な影響をうけていると簡単にいってのける人があったら、ドイツにおけるアメリカ的影響を考えるがよい。アメリカ的合理主義、唯物主義がどんな形でドイツの建築に影響しているか、どんな形でドイツの建築家たちがアメリカの建築に賛同したかを想像すると、われわれのドイツ讃美はいちおう考えなおす必要にせまられはしないかと思える。メンデルゾン、ノイトラなどの所説もそうであろうが、私はその実例についてのいくつかをあげうる。たとえば、ドイツ有数のオフィス・ビルディング、チリー・ハウスはどうか。先頃皮肉にも日本の新派の建築雑誌が争って転載したと思われた、デパート・ショッケンはどうか。ただ形を見ての批評ならお話にならぬが、その内容を見るとうなずかれる点があるにちがいない。だが、建築をアメリカ的に取り扱い、また考えるという点だけを考えると、だれもがいうように日本はどの国にもまけてはいないようである。試みにエレベーターを考えても、機械のことを考えても、設備の傾向を考えても、何ひとつアメリカのごやっかいになっていないものはない。恥じてもいいと思われるが、しかし、それゆえ、われわれの眼にはいかにもドイツの建築――ことにデパートとか、オフィス・ビルディングとかになると、じつに、けちくさくて、なっていないと思うことがかなりあった。それを見ていると、われわれのほうがよほど進んだ考えを持っていないかと疑ってみたりする。

かような考え方は、ひとり私ばかりではない。おそらく専門家という専門家は口をそろえて、欧州においてもはや学ぶべきものがなくなったということを耳にするが、今日の日本はどの点においてもさほど外国の衣鉢《いはつ》を眼を皿のようにして受け継ぐ必要のないことは当然であるし、また、そう思ってみたくもなるのである。

なるほどオットー・マイヤー氏はオランダにおけるデ・シュチール一派の影響を否定して、いまはドイツ風の考え、おそらくグロピウスの考えが反対にオランダの思想に影響しつつあることを力説したが、しかしこの考え方は私にいわせると、実験室的建築論であると思われた。その証拠として、私はバウハウスの建築をあげる。フェーゲル氏は、ハンブルグの彼の事務所でその過大な、なんの意味だかわからないようなガラス窓を嘲笑していたが、デッソウの郊外になんの必要あってあんな建物を建てたか。多少とも実際の建築をやった経験のある者ならすぐ、気付くであろうところの欠点がいたるところにあるが、なかんずくあのガラス――なんの意味だかわからないようなあの窓ガラスこそ様式建築が往々にして侵すところの欠陥とはまさに反対の欠点ではないか。

だから、バウハウスの一教授は私に弁解していった。われわれも、この建物が世間で問題になったほどではなく、かなりの欠陥を認める。これが今日のバウハウスの思想でないことを極言して、彼はハンネス・マイヤー氏の近作として、またバウハウスの今日を代表するものとして、ベルナオ（ベルリン近郊）における労働組合の学校を見ることを極力提唱した。ハンネス・マイヤーといえば今夏バウハウス内における共産主義的政治行動のゆえをもって、その責任上ついに校長の地位を追われたことはすでに読者の知らるるところであろうが、彼はこれについて皮肉たっぷりの声明書を発表してこれを否定しているとしても、私はいまベルナオにおける

グラスハウス　向うに見えるガラス張りの建物が、写真のようにできるならおなぐさみだ。実際この建物がどんな風に建てられるか。ミース・ファン・デル・ローエ氏

夜になるとこの美しい建物も真昼に見るとまるでごみをなすりつけたようである。

この学校――寄宿舎を有するこの学校の新築を見るに及んで、種々の意味において、彼が包懐するところの思想を読むことができるような気がしてならない。

バウハウスの存在をしるすところの伝統的思想として、何人《なんぴと》もその社会主義的傾向を指すであろうが、しかしながらその作品の傾向は、いまグロピウス時代とマイヤーのときとを比較するに、その間に非常なへだたり、いわば、しだいにプロレタリアートの芸術運動に、その深度を加えつつあることを感ずるのは、この学校を見ただけでもよくわかることであった。

この建築の意味は、もちろん平面計画にある。そして、露出した鉄骨に赤、黄などの原色を塗るかと思えば、グラスブリックの壁をつくり、惜しげもなくプレートグラスを用いるかと思えば、これと接して鉄筋コンクリートの露出したはだを合わせて、天井にはなめらかに塗ったプラスターの面に淡緑色のペンキを刷《は》くというような、たとえば工場に花をさし、清涼な空気と光線を送ったようなこの建物を私は意味深く眺めた。常に圧迫を受けつつあるところのバウハウスの活動をして、所期のごとく新建築と、工芸の生産組織が、しだいにその完成に努力しつつあることは認めらるるとしても、その努力は今日のドイツのシチュエーションの下においてはとうてい望みえらるべくもなく、その効果はしょせん実験室的労作であって、それが大量生産的となるにはさらにアメリカ的組織と、巨大なマーケットの必要があることは当然である。建築の工業的生産の態度が、ロシアの構成主義の立場とも一致するといわれているが、私の見るところによれば、労農ロシアの建築的傾向とはよほど異なった傾向であるように感ずる。

私は一再ならず構成派の驍将《ぎょうしょう》、タトリン氏との対話を例にとるが、彼はよきアメリカニズムの輸入を、ソビエト連盟が高度の文化をつくり、そして先進諸国のブルジョア文化を追い越すところの唯一の方法であることをくりかえした。そして、現にその実行として私はモスクワにおける、新興の建築を見たのであるが、いま、バウハウスの諸種の作風を想い起こすに、そこには依然として、ドイツ的理論建築、理屈張った建築的傾向をマイヤー氏のベルナオにおける作品に見たのである。

だが、それはしかし、グロピウスの時代に比し徹底している点は非常に見ごたえのあるもの

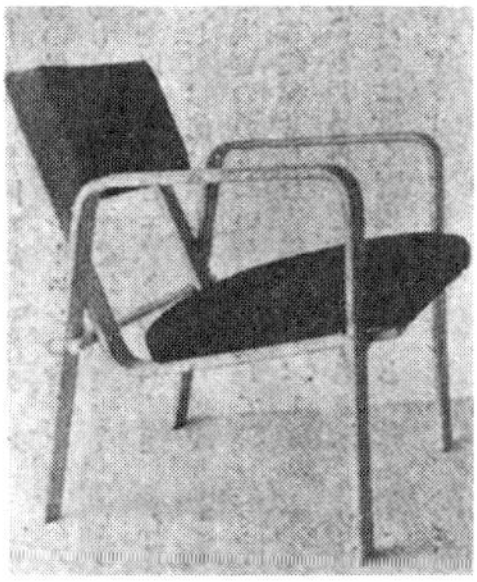

バウハウスの椅子　考案するとまず色、掛け具合、などについて医学上の意見を聞き、次いで製作について工場の意見を聞き、そして生産的に作り出すという順序である。パイプ製のものに比べて、さらに掛け心地よく、椅子全体をフレキシブルにしていることが注意せらる。

ハンネス・マイヤー氏作　ADGB労働組合学校（その1）ベルリン郊外ベルナオ所在

（その2）バウハウスの最近におけるひとつの提案と見る。

である。

現に、ソビエトの新建築は、初期のロマンチックな傾向を清算して、しだいにリアリズムの傾向を更新しつつあるといわれた。そして、良きアメリカニズム、実務性、高速度性、大量廉価生産性、合理性などなど、人類生活の生産、消費の全幅にわたって、あくまでも健康なアメリカニズムがその建築組織の標示であるかにいわれているとしても、さて実際の状態はどうであったか。発表せられた大建築の計画はいまなお、計画のままのものも多いのであるが、ヴェスニーンなどの初期の作品、たとえば例のおそろしく大きなガラスを有する商業所、いわゆるデパートなどの建築を、かつて、コルビュジエは、ガラスのロマンチシズムと笑ったというが、事実初期の作品も、また、最近の建築のうちにも多分にこの傾向のぬけ切らないものもかなりに多い。しかしながら一般的にいえば、唯理主義的建築がしだいにその傾向を染めていくことと思わる。私はいま例を二、三のアパートにとる。このアパートの建築が、いったい資本主義的合理主義建築とその本質においていかに異なるものであったかを的確にのべることはとうてい困難である。たんに無装飾のゆえに、それをソビエト特有の思想ということができないのはむろんのこと、配列せられた各室を見てもなんらの特性を感ぜぬのみか、それはたんに、安建築の一種にすぎないといってもよい。もしそれ、共同の食堂を作り、共同のクラブに、レーニンの肖像を飾り、淡墨の濃淡をもって外装せられた以外にソビエト建築の特性として、何を求めていくか。婦人を家庭のわざわいから解放して労働に従事せしむるためにアパート内の各戸から、台所を廃するという計画は近く実現せらるると、教授ドクチャエフ氏が説明したが、いまのところどのアパートにも台所は家庭円満の策源地として残されていたのを見る。だが、限られたるソビエトの財政と、ドクチャエフ氏の言のごとく、過渡期の建築としてはやむをえないものであるかもしれない。

現に、教授は、将来ソビエトがいかなる生活様式をとるかという問題について説明をし、そして、それがために必要なる住居の型式として、高層アパートメント建築が行わるべきことを主張して、その計画の実際について詳細なる説明を試みたくらいであるが、今日のモスクワ市内では依然として、土色によごれたままの帝政時代の建築のなかに多数の市民は熊のごとく生活しているように思われた。

ロシアといえば、例の、フランクフルト・アム・マインの建設的建築として令名あった、エルンスト・マイが本年ロシアに招聘せられたことは、ハンネス・マイヤーの事件とともにわれわれの注意をひいた。彼が発表した声明書のとおりだとすれば、ソビエト同盟は建築家の計画的良心にたいして、まさに天国であるらしい。彼は共産主義者でないとしても、ドイツの反動的時局の影響にたいし、また、資本主義のらち内での不十分な建設に見切りをつけた点において、われわれに一種の予感を与えた。モスクワ市内における、唯理的な新興建築について、私は多く語るべき必要を感ずる。なんとなれば、それが、ドイツ――たとえばバウハウスの方向と、オランダの、デ・シュチール一派（おそらくいまは消滅したと思うが）の方向との差異について、また、共通の傾向において、かなりの興味を感ずるからである。だが、いまこれを割愛するかわりに、それらの唯理的傾向と、いくぶん趣きを異にするところの建築をあげてみれば、共産党労働者クラブがそれである。そのロマンチックな作風において、クラブ的ふんいきを、ソビエト特有の異様な表現をもって建てられたこの建築は、おそらく、モスクワ市内においても注意せらるべき建築であるに相違ないと思う。だが、私は、案内の人たちとともに最上階のガラス張りの室に昇ったときに、最悪の実例を説明してくれた人は皮肉にもこの建築をほこる建築家であった。

冬になると、とてもこの部屋は寒くていられないんです。いくら暖房があったって寒くてしようがないんだといった。むろんこの見やすい過誤はときとして日本の新興建築と称せらるるものがおかすところと同じではないか。だが、コルビュジエの中央連盟会館にはパネルヒーティングの方法をもって、あの過大なガラス面、彼にいわしむれば、不足がちな北国の冬に必要な窓の面積であろうところの窓を通す寒さの侵入はこの方法をもって防がれるとのことであるが、このことは、われわれの嘲笑、ときとして、難癖をつけるところのこの嘲笑にたいし、ついに弁護の余地を科学的に説明することとなるのである。もし建築が、あくまでも環境的条件に静的な盲従を続けることが当然であるとすれば、われわれは科学を棄つべきではないか。庇を棄て、ガラスを拡げても、われわれの建築上における地的要件はこれがために殺されると思惟する者は、ついに唯物論を笠に着る資格なき科学の背信者ではないかと思う。

読者はおそらく、リシツキーのルスランドを見られたであろうが、ソビエトが、将来いかなる建築文化を打ち立てんとしつつあるか。その、活気ある新興文化の躍進的歩度を想像するこ

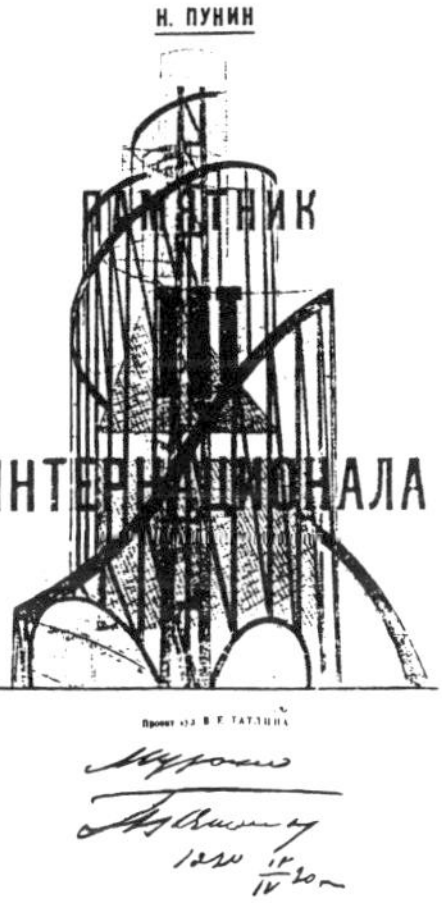

タトリン作　第三インターナショナル記念塔と筆者に贈った作者のサイン

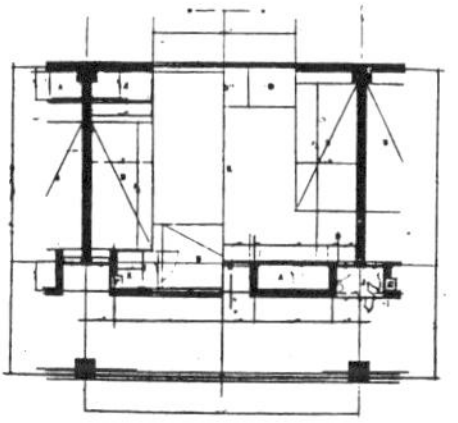
O氏の提案　女工寄宿舎の平面

O氏の提案　女工寄宿舎

ケーブルでスタジアムに達する都市計画案　モスクワの郊外に広い盆地がある、そこがスタジアムになるということである。郊外の丘からの美しい眺めは旅行者が一度は経験するところである。

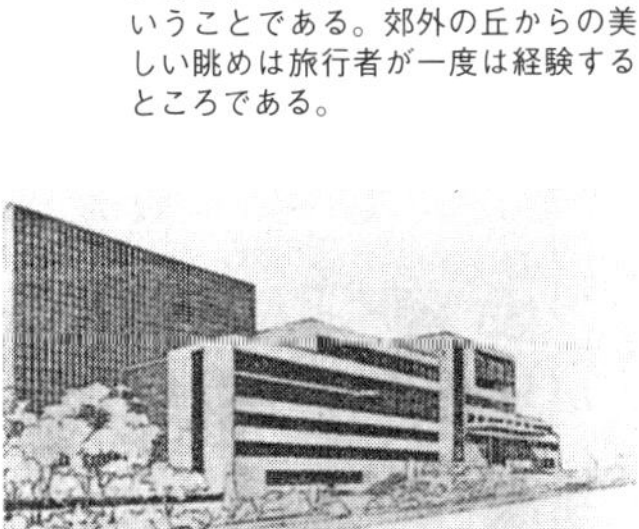
「春の兄弟」……モスクワ市におけるB・T・レーニン記念のソビエトロシアの公立図書館連盟の建築設計図（1923年）図書館の基礎的機能は次のごとし。(1)読者への奉仕 (2)読者の供給 (3)書籍の保存 (4)書籍の完備 (5)図書館の管理

とができるとしても、現実に見たところのものはドクチャエフ教授の言のごとく、すべて、過渡期の作品として、さして、見うるべきものも割合に少なく、表現においても、設備においても、また細部の取扱いにおいても、ブルジョア・レアリズム的作品となんの選ぶところもなく、また、この意味では、かなりの欠陥を有するものと断ぜざるをえない。もちろんこれがために私は、モスクワの建築的将来について軽々しく断定する資格あるものとは思えない。現に、最近竣工したる商業所（デパート）実は市場のような建築、その粗雑にして、ほどほどの安建築こそ、ヴェスニーンなどのごとくガラスを乱用せるロマンチックな建築に比しソビエトの建築としてわれわれの注意をひくに十分であった。これまで発表せられ、また、われわれが知り、はたまた建築計画中、実施せられたものを見ることは相当困難でもあるし、また、その多くは、たとえ、われわれの注意をひくに十分であるとしても、建設当初の興奮にかられたる跡、いわば一種形態上の新奇と、その、ロマンチックな好尚が、プロレタリア・レアリズムの背後から執拗にうかがっていることを感ぜられる。事実、ソビエトの建築計画上における各自の理論的型態と称するものが、実際にいかに表現せらるかは興味ある問題であって、これはひとりソビエトの建築家ばかりの困難ではなく形態、色、機能などなど、資本主義国家の合理的新建築にわれわれが感ずるところの価値が、そのままモスクワ市内の建築にたいしても同じように感ずる事実を読者はなんと思わるるか。鉄、コンクリート、ガラス等をもって主体とする建築がひとりこの国特有のものでないとすれば、いまのところは、手法、細部、設備などの不完全さをいわ

社会的タイプの労働者クラブ（正面）イー・イ・レオニダフ設計
現代の学術及び技術をもって労働者諸君の新教育館建設の問題を正確に解決せる点において建築技師の製作発表中の最も傑出せる収穫のひとつなり

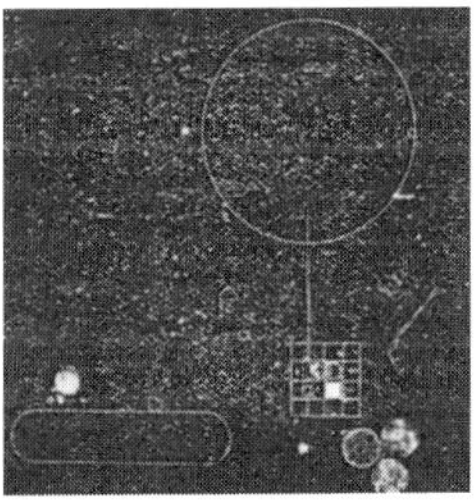

社会的タイプの労働者クラブ
1階平面図　イー・イ・レオニダフ設計

アパート・モスクワ

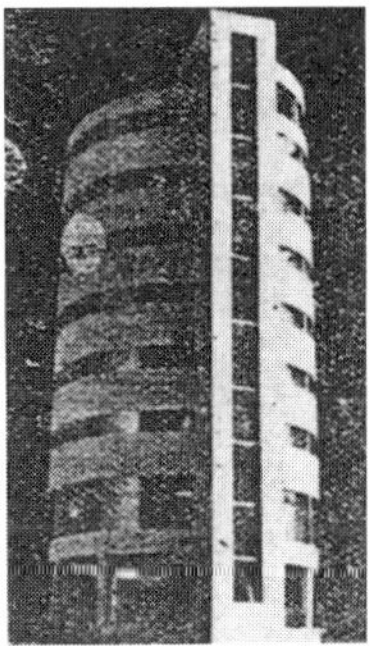

アパート・モスクワ

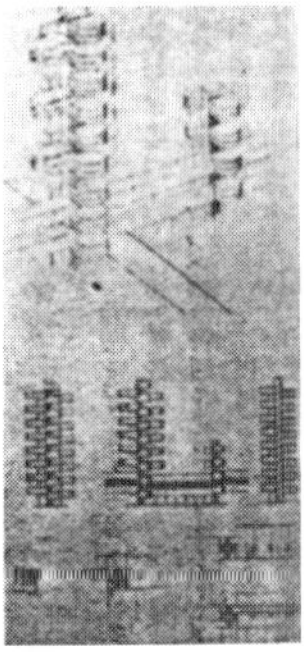

ソビエト将来のアパート計画

国立商業所・モスクワ
（ヴェスニーン作）

ヴェスニーン作・鉱物学研究所　同氏初期の作、商業所にくらべて変化の状態に注意

ソビエトの綜合政庁　ハルコフ所在

なければならぬ。

プロレタリア・レアリズムと、ブルジョア・レアリズムの両様の理論的型態が、建築的にいかなる表現上の差異を取るものであろうか。私はこの問題について、友人O氏の提案に興味をもった。おそらく、氏のときとして提唱せらるるところのものとこの作品を対照する場合に、われわれがレアリズムの問題を論議するとき、多く、後者の型態を予感しているのではないのか。この過誤は、現にモスクワのアパートにおいて見たところのものも同様であったことは注意するに足る。私はこの点について、ベルナオにおける、ハンネス・マイヤーの作品について興味ある提案が、おそらく将来における問題の楔点を握るものとして注意をひくものであることを特記したい。とまれ、ロシアの建築においてわれわれの注意すべく、また、興味を引く点は、たんなる建築上の型態の問題でなく、その計画の基礎と提案の骨子である。この意味で私は各種団体のクラブ、台所の撤廃、共立食堂兼食糧品製作所、パン工場、各種の研究所、高層アパート、工場、都市計画などなどに、社会構成の基本を異にする、社会に必要なるこれらの諸問題を含む建築に興味を覚えるばかりであって、いまのところ問題はむしろ将来にある。貧窮なるソビエトのプロレタリアたちが、その平均収入を増したる将来において、建築がなお、このレアリズムの提唱を続けるであろうかということも。

建築上の発達において、もし、材料がその主要の役目を持つものだとすれば、私はここにメッセ、または、展覧会における速成の建築に注意したい。速成の点において、大胆なる点において、無条件さにおいて、合理的なる点においてなどなどにおいて、展覧会はそのつど新建築運動の発祥ともなり、また種々の意味で将来を暗示し、また、その実験室でもあったように思われる。

私は本年度のこれらの建築について、つぎのごとき場合をあげる。

アントワープにおける世界博覧会、ストックホルム一九三〇年博覧会、ドレスデン衛生博覧会、パリ装飾美術展覧会、チューリッヒ万国料理法展覧会など。アントワープ博覧会の諸建築については蔵田氏のオランダ館の図集のほかはあまり多く伝えられていないようであるが、規模においては他にあげたもののうちで、格段の相違がある。建築として前記オランダ館の大建築のほかはわずかにきわめて少数の小建築に注意せられたほか、多くは展覧会建築として私の指摘せんとするがごとき問題にふれたものはきわめて少数といってもよく、その多くは在来の手法を踏襲していたように思われる。オランダ館については多く語る必要がない。ただ注意をひいた点を記するならば、内部の手法、特にベニヤ板をもって壁を張り、そしてそれに、油絵を描き、またペンキを薄くなすりつけて木の味をそのまま保存していることなど、博覧会式にきわめて簡単に、また無雑作につくりあげたものとしてはよほど優れた人の手になったものとしか思えなかったのは、特に人の目をひいたようである。

機能主義工芸美術をもって目的とするところのストックホルムの博覧会が、そのとおりにできていたかどうかは別問題として、さして大規模とも思われなかったこの展覧会の諸建築がに

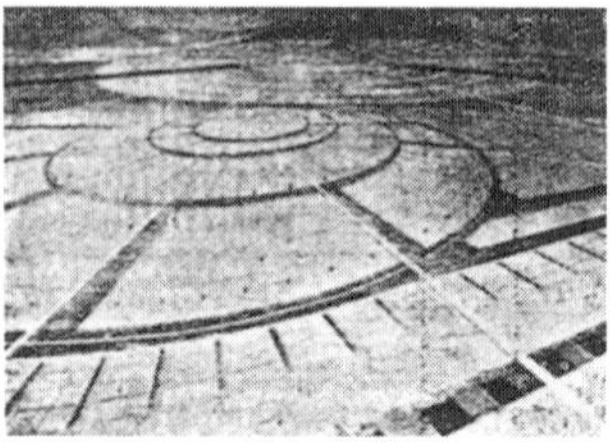

D.B. 基本都市計画（1）

D.B. 基本都市計画（2）

アントワープ世界博覧会の正門

アントワープ世界博覧会におけるひとつの小建築

チューリッヒの万国料理法展覧会場

チューリッヒの万国料理法展覧会場・色の美しい点でその他の展覧会に優っている

アントワープ世界博覧会・スウェーデン館

アントワープ世界博覧会・オランダ館

ぎにぎしく日本に紹介されたのは、もちろん雑誌を通じて宣伝せられたからであった。型態の美しくして、清新な点においてまさにこの種建築中の白眉といってよい。しかるにこの建築場で、私の注意をひいた点は、新材料の自由な使用法ではなかったかと思われる。たとえば鉄板を、ベニヤ板を、スレート板を、ことにスレート板を大胆に外装用として使用しているところなどはかつて見ない傾向である。さらにすべての使用材料の寸法を極度に小さくしている点など写真を一見しただけで何人《なんぴと》もわかるところであろう。それゆえ、ここの建築は、どれも一様に、飛行機のように軽くて、細くて、薄い表現となったのである。新しく強じんな材料の発見の下においても、なお、煉瓦時代の寸法を踏襲するようなことは、しだいになくなったとはいえ、この建築のように徹底したものは少ない。

新興ドイツにおける展覧会の常設は何人も注意している現象であるが、これがために常設館となるべき建築にして相当立派な建築を建てらることは、都市の郊外に群をなせる住宅建築とともに新興ドイツの特異ある建築的現象として指摘される。ケルン、ベルリン、ライプチヒなど、私の見ただけの範囲としても、かなり高級にして、かつ理論的な建築として特に注意をひいたものであった。いま、私は新しくできたものの一つとしてドレスデンの衛生展覧会場建築を数える。ドレスデンといえば、ラファエルのマドンナを蔵し、また美術の都としてドイツきっての貴重なものを有する美術館の名とともに、例のボール・ハウス、球形建築の試験場としてて何人も記憶せられていることと思う。だが、この球建築、おそらく、作者にとっては与太《よた》どこ

ドレスデンにおける衛生博覧会建築

ドレスデンの衛生博覧会場本館

ドレスデンにおける衛生博覧会建築

ドレスデンにおける衛生博覧会建築

ろの騒ぎでなく、真に現代都市のゆきづまった建築を打開して将来に実現を期待せられたこの建築は、ちょうどこの会場にあったにもかかわらず、じつにやっかい視せられていたように見えたのは、いささか気の毒であった。事はたんに一模型建築にすぎないとしても、鉄材をもってつくられた、かなり大規模のその建築をよくもつくらせたし、また、これをつくった建築家の努力などを考え、そして、それがいまはただ見せ物のように取り扱われていた点などを考え合わせると、問題は、さらに深い考察にまで達せなければならぬようにも思われる。今夏、神戸の博覧会、おそらくドレスデンの博覧会にも匹敵せらるるほどのこの博覧会の諸建築を見た人たちは、かりに雑誌を通じてでもドイツのものと比較せらるるがいい。なにがこの建築をそうしたのであろうか。これ以上書くことは無駄であろう。

ル・コルビュジエはひところ日本の建築家という建築家の頭を占領してしまっていた。わがコルこそ建築の王者であると祭り上げたものもなかにはあった。ただコルの建築に難癖をつける者といえば、建築的ニヒリストか、さもなければ建築的ファシストの群だけであったように思えた。あげて、わがコルこそは世界の建築的思想界を支配する偶像ではなかったか。

これはわずかに二年前のことである。その頃チューリッヒではサルブラを中心とする一団の壁紙工芸術家たちのなかにアンチ・コルビュジエの声をあげていたと聞いた。ところが日本ではどうか。その王者コルにたいして無礼者が出だした。「ル・コルビュジエ検討」などとやり出すものが出た。われわれは、王者としてのコルに中毒したと同様に、しかつめらしい、幾多の「ル・コルビュジエ検討論」にもまた中毒しなければならないことを覚悟しなければならぬ予感が湧いてくる。彼は建築を貴婦人化し、有閑婦人の背景とし、流行衣裳の広告に借景的役割をなすものといい、はては、「お蚕《かいこ》ぐるみ」式、モダン貴婦人ごのみとなり終わった彼の建築がもつところの居住価値も、視覚的様姿も、いまや、高級フランス製化粧水の容器になり終わったと嘲笑し、失礼にも、あえていう者が出だした。

そのたんかはなぜ二年前にいわなかったか。もう遅い。おかげで、学校ではフランス語を急にやり出す者ができ、コルの事務所に働く者が増えたのである。だが、偶像コルに幾年かの巡礼を終えた人たちの作品を見るがよい。コルはついにコルのほかコルではないことを深く感ずるのである。日本の新興建築はかように、悩み少なく生まれるものであろうかと考えさせられるのである。

　これはしかしコルビュジエの作風が、最初の確固性からしだいに変質したものであるとはいえない。私は、ワイゼンホフでもまた、パリにおける彼のいくつかの作品を見ても、彼のもつところの優秀なる作風を認めずにはいられない。およそわれわれの建築批評の基準として、その批評がたんに発生学的のものであるならば、資本主義圏内においては問題になる余地は多くあるまい。それゆえ自然、イデオロギー的批評だけが問題となるのである。おそらく、コルの作風についての幾多の批評はすべてこの意味においての論議がなされるのであって、たんに建築として見たるコルの作風はいまなおわれわれの胸を打つものがあるといっても差支えない。だが、彼の作風はしょせんフランス的資本主義背景が骨格をなしていると思われる。ゆえに、教授ドクチャエフ氏は、モスクワ大学の教室で、彼の作品とわれわれのごとき思想を有するものとの間には一致しないものがあるといったのである。

　私はいまコルの作品をしょせんフランス風であるとひと口に書いたが、もし、これをアンドレ・ルーサーの作品に比べるなら、そこに断然越えがたいところの二つの美しい個性を見出す。ペレー、コル、ルーサー、マレ・ステバンなどは皆、あまりに日本の建築界におなじみが深い。

私がここにコルと、ルーサーの二人を引例した意図は同じく、住宅の建築において一つはあまりに絵画的であるのに比し、他はあまりに建築的である点を注意したのであって、ペレー以下これらのフランス建築家の一団と群雄割拠の観あるドイツの建築家の一団、いま私の頭に浮かんでいるところの建築家、たとえば、フェーゲル、ファーレンカンプ、オスカー・カウフマン、カール・シュナイダー、メンデルゾン、エルンスト・マイ、ペルチッヒ、グロピウス、ベーレンス……などなど、それぞれの作風をもって、それぞれの地方的地盤を持っているところの建築家を想像対比して、そこに一種の興味を感ずる。

私はいまこの興味を、一九三〇年度における、パリの装飾美術家協会の主催する、工芸美術展覧会について考えてみたい。この展覧会にドイツのヴェルクブンド、くわしくいえばグロピウスの指揮した、ドイツ側の出品が一見バウハウスの作風を連想することは当然であって、フランス側の出品にたいし断然その趣を異にしているのは興味をそそっていた。この展覧会のことについては、すでに、多くのことが語られているが、フランス側の華やかな美しいモダーンぶりにたいしてドイツ側の機械的総合、尖端的新材料のあらゆる作品の総合との間には断然異なった興趣があった。今和次郎先生はロンドンの宿舎で、この二つの傾向について、フランスのは美しい、その華やかさは実にすばらしいが、それだけの意味しか含んでいない。ということをいっておられたのには意味がある。しかし私はドイツ側の作品に、一切のブルジョワ趣味がほとんど抹殺されていたという日本への報道は必ずしも真相を伝えたものでなく、そこには新材料、ことにガラス、鉄、ファイバーなどの乱用が機械のごとく冷たく光っていたし、それらの総合が、コバルトとバーミリオンを主色として、黒と、銀色とを按配されて、そこに一種のプチブル的趣味のふんいいきがかもされ、この室内にもし暖房がないとしたら住むものは寒さにふるえるにちがいないと思われるような気持ちであった。対比を、たんにフランスとドイツの作品に限ってみたところの感想がそのまま日本に伝えられることは種々の意味において危険をかもすものであることを感ぜざるをえない。だが、技巧においてフランスのすばらしい作風を、思想においてヴェルクブントの作風をとるということは、ひとり私のみの感想ではあるまい。そしてこの工芸的傾向は、ひいて独仏の建築的傾向の一般特長として表われているのではないかということは興味あることではないかと思う。

概して、欧州の建築界はさびしく感ぜられた。ただ、北欧諸国の、地についたような諸建築、たとえばストックホルムの市庁舎なり、音楽堂なり、図書館なり、また、フィンランドにおけるサーリネンの作風なりが、独仏の建築と同じ程度に紹介せられてないことは残念に思った。そこに理由があるとしても、これはたしかにわれわれの損失である。あるいはこれを紹介するにはあまりに芸術的であるかもしれないからであろう。北欧の旅をするものの一度はこの町を訪れて、市役所の高雅な建物を見ることは悦びであろうが、感銘の極、ただただ頭がさがるというほか、表わすべき言葉もない。近代の建築的傾向を云々するなら、あるいは多くの欠点を持っているであろうところのこの建築は、芸術的香気において一切の理由を超越していた。

ストックホルムにも、コペンハーゲンにも、いわゆる新興の合理的、国際的の建築が台頭していることは注意するに足ると思うが、フィンランドではまだ、サーリネンの残した特異な新建築と、平和なネオ古典趣味の建築の新しいものがあるほか概して静かであった。イタリア、イギリスなど、一日で見物しても時間が惜しいような気持ちで過ぎてしまったといいたい。

サザンプトンを出帆してからわずか四日と二十時間でブレーメン号はわれわれをして平和の女神を見せてくれた。おそろしいスピード化ではないか。いまさらドイツの新興ぶりを一人だっ

ブレーメン号

てほめないものはなかった。この新しい船の形を見ているだけでもわれわれは大船に乗った気持ちだった。イギリスの船会社はこれがために伝統的横柄ぶりを改め出したそうである。

船がハドソンの河口に近づくと特有の霞をとおしてわれわれの眼前を塞いでいるものに気付く頃は、船はずっとマンハッタンの諸建築を指顧《しこ》するところに来るのである。折り重なった水晶のような高層建築群の盛観は足かけ五日の間茫洋たる海原を見つめてきた人たちの頭に調和ある像をつくり出すことはできないくらいである。まさにこの、近代建築のローマの都は名状すべからざる偉観であって、われわれはこの光景をいく度見ても科学と建築との芸術にたいし嘆賞の言葉を禁じえない。建物の高さと、そそり立った大群の建築で、岸壁は海面とすれすれに見え、マンハッタンはいまにも沈みそうである。銀波が斜陽にきらめいていて、背光を帯びた建物の群塊が淡黒く海から立ち上っているようにも見える。私はいく度となく、アメリカ見ずして近代建築を語る資格がないと思い返してみたのである。

私としては八年前のニューヨークを印象している。しかしいま、欧州の建築界を見た記憶をもってアメリカの建築にふれ、またこれを新しい眼で見ることはたしかに私にとって一つの悦びでもあり、かつ、新しい批判の対象をつくるものという意味で期待せられた。ある人はおそらく、この町を訪れた大多数の建築家たちは、アメリカについて多く語ることを好まぬときくが、それはおそらく、アメリカニズムの、いわばヤンキーをもって代表せらるるアメリカ臭のためか、高い建物によってかもされる圧倒的感じと、うるおいのない町の風景か、数えあげれば、芸術と、哲学に欠けた雰囲気にへきえきしたために起こる気持ちであるかと思われる。それがたんに建築上の問題に限ったこととすれば、とまれその人はアメリカを理解しえないことから起こる気持ちであろう。もし、アメリカニズムに善悪二つの意味のものがあるとすれば、一つは、スターリンがソビエト連盟にその輸入を促進したような、実務性、スピード、マッスプロダクション、ファンクシコナリズムなどの一面と、他は消費を主題とする映画的、ドル箱的マーカンティリズムと、コーネーアイランド的ナンセンスの方面であろう、と思われる。他の一面は、ロシアを含み、また、イギリスを含まざる汎欧州の建築家たちを実務的にまた、大量的にリードするところのものであり、次の一面は、成金と、顔と脚とに自信を持てるほどの女なら、猫もしゃくしも好むところの一面であるかもしれない。ヨーロッパ的教養からいえば、アメリカはじつに無作法であり、無遠慮であり、無教育であり、下劣であるが、アメリカからいえば、欧州は、じつにしまつにおえぬすね者であり、気取り屋であり、実行力をもたぬ学者であり、机上の空論家であり、ペダンチックであるかもしれない。それほどの差異が両州の建築的傾向を形づくっている以上、土台根本において、二つを同一に論ずることは無理である。アメリカにおける、新興建築が現にアメリカ特有のものとなったように、欧州的好尚と、その理論と、教育と、趣味とをもって、アメリカを論ずることは無茶である。

アメリカの建築が欧州の後塵をなめているものだという見解はもはや十年前のことに属する

といってもよく、新興アメリカの建築の傾向が、すでに一個のアメリカ特有のものとなったことは、しかしながらきわめて最近のことに属する。

サリバンはニューヨーク市庁舎の設計案に、もしも、ハウエル、ストークス両氏の案が入選していたなら真のアメリカ式高層建築は一九〇八年頃から始まっていたに違いないといっているが、マッキム、ミード、およびホワイト氏などのイタリア・ルネサンス風のものが当選したために、われわれは長い間、アメリカ式高層建築の範をこの市庁舎に求めたといってもよい。だが、一九二二年シカゴ・トリビューンの世界的懸賞を転機として、地域制、いわゆるゾーニング・ローの実施と、欧州建築家たちの移住によって、アメリカの新興建築はついに自身の傾向を持つように変わっていった。フィンランドの有名なる建築家、エリエル・サーリネンの二等当選案がアメリカにおける高層建築の代表的傾向となったのはこの頃からであった。

しかしながら八年前におけるアメリカの建築の印象をもって、最近の建築を比較するに、おびただしき大量の建築はいまや中央ステーション付近を中心としてマンハッタンをうずめつつあるにもかかわらず、建物の質を通じて見たるアメリカの建築は概して低下してきたことは注意すべき現象である。このことはあらゆる場合において気付かれるが、特にいちじるしい実例として高価な材料、たとえばテラコッタの需要が激減したことなどはいちじるしい例である。もって建築の全般をうかがうに足ると思う。いまここに多数の本年竣工したる新建築のうちから筆者の好尚にしたがって二、三の重要なる建築をあげるとすれば、バンク・マンハッタン・ビルディング、クライスラー・ビルディング、ニュース・ビルディングなどはその主なるものである。一時中止の形にあった、高さの競争が再び台頭しだしたことについてはバンク・マンハッタンとクライスラー・ビルに関する論争と、一四〇〇尺の高さを有するエムパイヤー・ステート・ビルディングの施工中をあげたい。経済上採算の限度を七、八〇階とすれば、それ以上はまったく広告塔に同じい。かような建築的傾向がなにゆえに生じ、また、なにゆえに必要であるかという疑問を理解するには、根本からアメリカの新興文化を勉強しなければならぬが、そのうちからわれわれはさわめて最近の建築的傾向としてクライスラー・ビルディングの表現の意味を一考したい。この建築の野蛮なことについてわれわれはたんに普通の考えをもって批評してはならない。むろん欧州的理論とはこの場合、おそろしくかけ離れたものであろうし、また、常識的に判断することのできないくらい馬鹿げたような建築でもある。私はこの建築について一つの仮想をいだく。ナンセンス的、おそらく、ゆきづまった唯理思想の窮屈さを蹴飛ばして、なにかしら、高らかに歌い、かつ踊るところの濶達にして、秩序を無視する者の姿ではないか。世間はあまり窮屈であり、虚偽であり、時代の新しい自然主義が、モダーニズムの形をとって現われた姿をクライスラーの白銀の塔に見るのである。この建築がセンセーションを起こしたことは事実である。自動車の広告としても、それはあまりに乱舞にすぎた形である。クライスラーの傾向はしかし、クライスラーだけで終わるものとは思えない私には、その実例

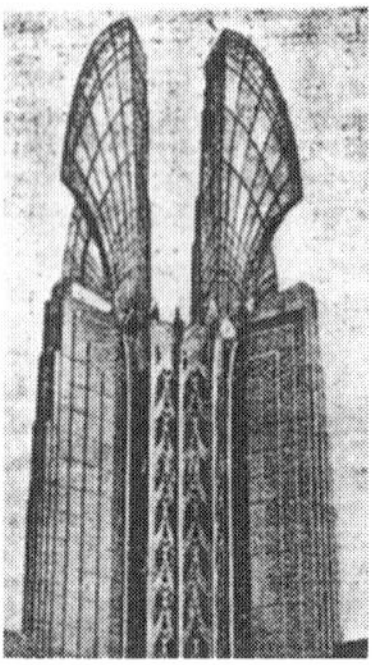
パレー・トラスト・カンパニーの塔　カルメンの櫛のようなこの形を何と見る

ニュース・ビルディング　レーモンド・フード氏及びジョン・ホーエルス氏

ファンネレー、ロッテルダム郊外

ファンネレー、ロッテルダム郊外

として、パレー・トラスト・コムパニーの建築をあげる。読者はこのカルメンの髪にさされた櫛のような塔に敬意をはらう必要があるかどうか。

最近のアメリカ雑誌はいよいよニュース・ビルディング、くわしくいえばデリー・ニュースの新聞社の竣工を報じているが、作者が青年建築家レーモンド・フッド氏であることを知れば、この若き建築家がシカゴ・トリビューンの一等当選以来一躍有名となり、あいついでアメリカン・レラジエーター会社の黒と金との建築を設計して世間をあっといわせたことを知らるるであろう。この作者の作風が、一作ごとにあらたまって、ここにニュース・ビルディングをつくり上げたのである。私は、高層建築としての範をなした建築として、過去に、市庁舎、シカゴ・トリビューン二等当選案をあげるとして、さらに今後の傾向としていまひとつニュース・ビルディングをあげたい。簡潔にして、いちじるしくドイツ的（この言葉は適当でないかもしれない）なこの作風は、アメリカのごとき極端なる高層建築にとりていかに効果的であるか、理論的に批評するなら、さらに数頁にわたって論ずべきであると思う。純白と濃いセピアの対照はあたりを払う趣きがあり、パフマウントの屋上から眺めるなら、クライスラーと相並んで実にすばらしいモダーンぶりを発揮しているのである。

ひとわたりニューヨークの新建築も終わったらしく、どこの事務所も淋しい。不景気は大きいだけにアメリカにおいて最悪だといわるるが、私の見るところではベルリン、おそらくドイツがもっとも淋しいように思われる。期待したオランダは工事としてはやや盛んではあったが、建築的、特に新興の建築的見方としては、さほどでもなく、ただロッテルダムの郊外にあるファンネレーだけは、これこそ真に鉄とガラスと、ベトンの詩であるといってもよく、この建築を見ただけで私は、期待をはずした欧州の建築旅行に満足したくらいである。しかしながら、アメリカの盛況に比すれば欧州はいかにも淋しく、おそらく本年中何が建築上の中心問題として論議せられたか、またその価値があったであろうか。実際問題としての世界的な建築上の推進力は依然として、アメリカの莫大なる新興建築にあると思う。筆者はそのうちから、レアリズムの対象をロシアとアメリカに、実験室的理論と意味深い新建築の技巧とをドイツ、ことにグロピウス、カール・シュナイダー、ハンネス・マイヤーおよび、カウフマン、ファーレンカンプ等を好んでとり、あいも変わらず、ドイツの出版業者は若き日本の建築家たちの心に魅力ある雑誌を送るであろうことを予記して筆をおく。

（十二、二十二）

商業価値の限界

見方によってはいろいろの価値が建築にもあるにちがいない。あるとすればどんなものか。答え方によって種々の態度が生まれてくる。

今日のところこれらの態度はみんなそれぞれ存在の理由と権利とを持っているようでもある。ある批評家が、鉄骨石造の様式建築を無価値だと主張したとする。今頃鉄を骨にして石の柱をおっ建てるやつがあるものか！

ローマにはそんな建築はなかったはずだと主張したとする。

ごもっとも千万！

ローマにはそんな建築は一つもなかった。

なかった！

なかった!!

やっぱりないものはないはずだ！

すると、この建物はローマの時代の建築でないことだけは明らかになった。なんだか、ローマ風には見えてでもローマ建築でないことだけは確実である。

こんな問答なら十九世紀以来いくらも繰返された。

だが。

なぜ、こんな建築が建てられなければならないかということについては、そう簡単にいえるであろうか。

執ようにこの建築がローマの建築だと主張する人があったら、その人の意識が現代人でないことだけが明らかになりはしないか。

僕はパラドックスをいっているのではない。

するとこの建築の価値は?

没落資本主義の……。

待ちたまえ。まだ残ってるものがある。

構造は!

ローマには鉄骨石造がなかったはずだ。

だからこの建築は虚偽であろうか……と反問してみる。

だが。

厳として石と鉄との組合せである。

それならこの組合せは不都合であろうか。だれがこの構造を虚偽だと断定する権利があろうか。

科学的でない。進んだ科学的ではないというかもしれない。

しかし。

進歩した時代だからこそ、こんな建築がやれたではないか。これは強弁だろうか?

なるほど。合目的、生産的、国際的、などと、いくらか実証的な、科学的な、近代的な批評があるにはある。

しかし。

コルビュジエはもちろん、その亜流たちは一歩もそこから出ていないではないか。いくらか近代的ではある。しかし。自然科学と同じように、ただ建築の近代的な美学だけしかいってはいないではないか。

そして価値については一歩も。

彼はいつも、食べない前からりんごの甘さを主張しているだけがちがうだけだ。

だが。

われわれはいつでも、勝手にそこから必要な価値をエリミネートすることができる。

こんなことを書いてくれば際限がない。およそ、こんな建築がいけないといえるだけの断定について、またそれと同じ数の疑問が浮かぶようだ。

しかし、
いけないという理由はまだ決まらない。


よろしい。

それは雑作もないことだ！

コルビュジエの作品とこの建物とを並べてみるがいい。

おまけに、コルビュジエのすばらしいお題目も。

『いまや素晴らしい時代が始まったところだ。

新しい精神がみなぎっている。

この新精神の籠った多くの作品が存在する。それらは工業生産に由来する。

建築は因習の内にあえいでいる。

いわゆる「様式」なるものは虚偽である。

様式とは一時代に属するすべての制作をいかし、特徴ある精神状態から発生する根本原理の統一である。

現代は日一日とわれわれの様式を定めつつある。

吾人の眼は、不幸にして、これを鑑別しえない。』

なるほど！　いい詩ですな。

…………。

ちぇ！　馬鹿にしてらあ。

あの薄っぺらな銀行に大切な金が預けられるけぇ！

僕は、純理的であるのにもかかわらず、これをいくらかカリカチュアライズしていることと思う。

だが！

百人が百人とも、大衆は同じ結論に達するであろうか。だれがこれを実証しうる権利があろうか。いまのところ、大衆は何を感じてもいいように、価値についてもまた何を判断してもいいはずだ。

しかし。

と唯物論者はいう。

階級的には一致してるではないかと。

それならなぜ、ヴェスニーンはモスクワの商業所に不必要なプレートガラスを用いたか？　ガラスのロマンチシズムという美名（?）は？

われわれはなぜタイルを、色を、形を考えなければならぬであろうか。

そして、この建築は蓄積資本の代表だとしたら。

僕はついに、最後になって、イデオロギーの問題にたどりついたと思う。商業価値の問答もまた、このへんで打ち切ってもよかろう。

いくらかセンチメンタルではあるが、僕は最後につぎの文句を加える。

個人主義的、自由主義的考えが行きづまって、社会主義的のそれへ移りつつあることを考えてみると、その変革の容易でないことを感ずる。政治的の意味ならもっと直截にやってのけられるかもしれない。

しかしながら、われわれは今日、せおいきれないほどの遺産をせおってこの変革にのぞもうとしている。けっして容易のわざではないことを感ずる。一つ、一つ、あるものは清算し、またあるものはつぎの段階にしまい込まなければならないかもしれない。この驚くべき事業が、しかく容易に行われるであろうか。われわれの悩みもまたそこにあろう。いかなる科学者にも劣らぬほどの熱心さで深く深く究められねばならぬであろうが。

人はコルビュジエの建築とともに、たとえば、この鉄心石造の、様式建築の前に立ってもまた謙譲と厳粛の気持ちを失ってよいであろうか。私の考察は不足であるかもしれない。

日本における折衷主義建築の功禍

ただいま司会者から私がかつてロシアに参りましたときにロシアの建築を研究してきて、そうした建物が今度御堂筋にできるというようなお話がありましたが、ご承知のごとく日本とロシアは経済その他社会機構を異にしておりまして、それらの条件を異にしている国からわれわれが何をとってよいかということはすこぶる疑問でありますし、また大いに研究すべきことであろうと思います。しかしながら私が今晩お話し申し上げたいと思いますことは、それらの問題ではありません。過去二十年間われわれの同僚および先輩たちが日本においてなされたところのその努力にたいして敬意と同情をもってその業績を回顧し、同時にそれらの努力が将来日本の新しい建築を生むのではないかという私の考えの下に、今晩の題目を選んだのであります。

（拍手）

私はかつてフランクフルトに参りまして、ご承知でもありましょうが、いまのノイエ・シュタット、すなわち当時の『ノイエ・フランクフルト』の編集者でありましたガントナー氏にお目にかかりました際、私はそのときはあちらにおりまして知らなかったのでありますが、ノイトラ氏が日本に来朝されて当時集められたいろいろの文献をガントナー氏に送られて、その雑誌にのせられたのを私に示され、日本の新しい建築の傾向についていろいろと話されたことがあります。私はノイトラ氏の来朝によって日本に新しい傾向の建築が起こり、また現に起こりつつあるということについて世界にその存在を知られたことにたいして非常な敬意をはらっておりますが、それらの新しい建築がなにゆえに日本に起こったかということや、日本の折衷主義建築のことなどについて、タウト氏のご来阪を迎えた今夕、ここにもう一度申し上げる機会をえましたことは私の非常に光栄とし、同時に諸君にもともにこの光栄に浴していただきたいと存ずるしだいであります。（拍手）

そこで私が折衷主義の建築と申しますのは、過去二十年間、すなわち大正の中期から今日まで引き続いて建てられ、あるいは建てられつつあるところの各国の様式をとった建築、あるいはその後日本においてしだいに転化しつつあるところの主としてスタイリッシュな建築についてであります。

ご承知のごとく日本に初めて様式的な建築が入りましたのは、ヨーロッパにおけるいわゆる折衷主義の建築が行われた時代からであったと私は承知しております。その後日本の建築はいろいろと変わってきましたけれども、その日本の建築なるものは、私の考えではそのときどきの外国の影響を受けて変化したとは思われないのであります。すなわち日本の建築は日本独自の社会機構と経済的要求のもとに変化しているのではないかと想像しておりますが、この考えはあるいは誤っているかもわかりません。ご承知のごとく折衷主義なるものは各国ともほぼ十九世紀の終わり、あるいは二十世紀の初頭においてその命脈は絶えていると私は思うのでありますます。また歴史はわれわれにそう告げているのであります。ただその例外として、イギリスが今日もなお折衷主義を保っているのでありまして、これはああいう伝統を尚ぶ国柄として当然でありましょうが、それさえもしだいにその命脈は絶えつつあるのでないかと思います。しかるになお例外としてアメリカは長い間折衷主義の建築が行われておりまして、今日においてはやや独、仏の影響を受けて、いくらか折衷主義の傾向から離れているでありましょうが、その根本においては依然として折衷主義的であります。しかしその内容あるいはその傾向の動き方というものは、主として経済的な、すなわち私にいわせれば、非常に唯物的な傾向をたどって変化しつつあるのではないかと思います。日本の建築もまた一般には折衷主義といわれておりますが、これはいわゆる便宜上の名称であります。ただいまも申し上げましたとおり、真の折衷主義なるものはすでにその命脈を絶っておりまして、日本の折衷主義なるものは日本独特の方法、日本独特の変化の仕方によって今日まで変化し、あるいは建てられつつあるのではないかと私は想像しておるのであります。

しかるに日本の折衷主義の建築なるものは今日まで、新興建築家諸君および新興的精神に燃えておる人々から非常な非難を受けておったように考えます。すなわちその傾向の誤れる点を数々指摘されたことを私どもは日常耳にし、あるいはいろいろの文献によって知らせられておるのであります。おもうにこれらの考え方は、過去十三、四年前私どもの学生時代の頃から勃興してきたところのいわゆる建築革命の思想、セセッションの思想なるものが学校教育の一般的方針となって、その歴史学の教程のうえに非常な変化を与えつつ、それらの学生を今日まで教育してきたためであろうかと思います。しかるにそれらの思想、それらの教育、それらの学問的立場がはたして日本の実情に即した批評をわれわれに与えてくれたであろうかということを今日において考えてみますと、私どもは学校教育なるものにたいして一つの疑問をもつような気持ちにさえもなるのであります。ともかくもそれらの思想というものは最近において一面には文芸的な、あるいはいわゆる社会的な側面的影響を受けて、かなりひどく批評されたように思いますが、はたしてそれらの批評が適当であったかどうかということをいちおう検討してみる必要があるのではないかと考えます。それは真の新興建築なるものはかような批評あるいはかような考えのもとにけっして起こりえない、もしくは起こるべきものではなかろうという私の予感の下に、私はこれを申し上げるのであります。

そこでまず第一に私の考えを元に戻しまして、日本の折衷主義なるものは、はたしてどういう状態にあったかということを、もう一度諸君とともに考えてみたいと思います。しかして私はこれを仮に功利的な方面と、われわれの視覚にうったえ、感触にうったえる問題との二つに分けて考えてみようと思います。

功利的な問題について、これをまた仮に三つばかりに分けまして、日本の折衷主義の建築なるものは近代生活と相容《あいい》れなかったかどうか——日本の折衷主義の建築なるものは経済機構および利便、すなわち便利さと相容れなかったかどうか——もう一つ、日本の折衷主義の建築なるものはその機械的設備および近代的ないろいろな内部的設備が欠けていたかどうか、ということを考えてみますと、私はこれらの条件は完全に備わっているとは申しかねますけれども、最近はかなり立派なもので、その設備なりあるいはその用途にたいしてだいたい欠けるところはないと存じております。しかしてこれら三つの条件というものは、取りもなおさずわれわれがモダーンな――というと語弊がありますけれども、いわゆる新興建築に求めるところの条件でありまして、われわれは新興建築にたいしても同様にこれだけの条件は欠くべからざるものであるという意見をもっているのであります。すなわちはたして日本の折衷主義の建築なるものがこれらの条件を具有しているとするならば、それらの建築にたいする功利的な非難をなしうる余地はないように考えられます。で、これは私が外国へいってみてからの感想でありますが、私はかつて佐藤功一先生にむかって日本の折衷主義の建築は世界無比であるということを申し上げたことがあります。それがはたしてもっとも優れているかどうかは問題でありましょうけれども、少なくともわれわれの同僚および先輩たちのなされたところはさほど誤った途をたどっているものではないということを、私はつらつらと考えております。欧米へ行かれたお方はご承知でありましょうが、アメリカは特別の事情がありますから、除外いたしまして、ヨーロッパにおけるいかなる国の建築に対比しても、その功利的方面の点においては日本の建築はけっして欠けていない。少しも遜色はないのでありまして、これらの点においては今後といえどもいっそう発展するのではないかというような私は考えをもっているのであります。すなわちただいま申しましたところへ私の考えを進めますならば、今日までの日本の折衷主義の建築なるものは功利的方面ではあまり非難する余地はなかろうかと存ずるのであります。そこでつらつら考えてみますのに、これらの建築にたいする非難というものは主として視覚的方面、われわれの感触における非難ではなかろうかと思うのであります。しかしながらこの点においては日本のいわゆる新しい建築、新興建築と称せられているものについてもまた同様に非難せらるべきではないかと存じています。（拍手）

そこでさらに話題を転じまして、しからば建築の美というものはどうかということを考えてみることが必要であろうと思います。これらの美についてわれわれはいろいろの方面から教えをうけ、その説を聴いておりますが、そのうちから私は、ここに便宜上ある書物の中からこれを抜粋いたしますと、建築の美は第一、功利的結果から自然に生ずるもの、第二、功利的局限の中で意識して求めた美であり、第三は表現の美であるといわれ、またこれをややいわゆるイデオロギー的に申し上げるならば、すなわち社会的あるいは階級的と申し上げてもいいであろうと思います。その他いろいろと考えられましょうが、これらの美の考え方について考察してみますのに、それは主として主観的な問題、建築それ自身の美の哲学的な解釈ではないかと思われることが多いのではないかと存じます。それならばわれわれがこれを美と感じ、これにたいして一種の感触を覚えるということは、それに対立したあるものがあるべきであります。たとえばここによく磨かれた床があり、あるいはほどよく暖められた部屋があるとして、それにたいしてわれわれが美を感ずるということは、その対立するものとの間になんらかの測定すべきものがないかということを感ずるのであります。また私はこの食い違い、この対立するものとの間における作用を今日なんらかの方法で現わす必要はないかということを感ずるのでありまして、これはすなわち経済価値として現われているのではないかというふうに考えますと、私がかねて考えておりました商業的な、経済的な価値というような問題にふれるのではなかろうかと思います。たとえばここに非常に装飾をされた建築があるとして、われわれは建築は装飾するものではない、裸でよいものだと考えていると仮定し、また別に装飾のあった方がよい、装飾を施すことによってそれらの建物の価値を増し、いわゆる大衆にたいしてその関心をよび起こすことができるというふうに考える者があるといたします。その場合に装飾がなくして、それらの価値が多くなれば、それはわれわれの理論が正当であります。しかしながらもし装飾がないために、それらの価値が大衆の関心をよび起こすに足りないとするならば、それらの建物ははたして価値があるやいなや、今日考えて疑問であろうと思います。はたしてそれが価値がないとするならば、これはセセッション以後、すなわち私が先刻も申し上げました建築革命以後に養われたところの建築的な思想の下にそれをいうのではないか。私がここに申し上げようとするのは、すなわちそれらの装飾されたところの建築がいいか悪いかということは、今日非常に考えるべき点ではなかろうかと存ずるのであります。一般にこれらの建築はいけないということはわれわれの進歩的建築家、すなわち新しい思想の人たちの通説であろうかと思いますが、問題はまたそこに非常な複雑さを加えてくるのではないかと思います。（拍手）

たとえばここにコンクリートに石をはりつけた建物があり、それがローマのスタイルをまねているとして、新しい建築家はそれにたいして今日鉄筋コンクリートあるいは鉄骨の心を持ったところの構造に石を貼りつけるということは誤っていると申したといたします。しかるにこれを建てた人はその建築をすることによって自分の富を世間にあらわし、それによって利潤を得ることができたとするならば、はたしてその建築はローマ風の建築なるがゆえに悪いということがいえるかどうか、今日非常に問題であろうと思います。そういうふうに考えてみますと、経済価値、いわゆる大衆を対象としての考え方というものは無限に発展をすると思います。もしその利潤の対象となるならば、われわれはローマを一日にして建てることもできるし、ギリシャから現代の建築にいたるまで何を建てても差支えないという結論に達しはしないかと思います。そこでこれらの傾向をもっているところの日本の建築にたいして、セセッション以後の今日まで養われたところの考えをもってこれを非難することができるやいなや、非常な疑問ではなかろうかと思います。私の考えでは、それらの思想はけっして日本のこれらの建築的傾向の中心を突いた批評にはならないと思います。日本の新しい建築家諸君はしばしば日本の折衷主義建築にたいして非難をされ、それを攻撃されたと私は存じておりますが、私自身の感じでは世人の考えがどうであろうとも、とにかくそれらの非難はけっしてその中心を突かない、またそれらの批評のいかんにかかわらず、日本の建築というものはその欲するままに、社会機構の命ずるままに発展したのではないかとも私は考えております。それゆえに新しい建築家諸君の議論はややもするとロマンティックといわれ、直写的であったようにいわれるのでありまして、私の考えをもってしますと、それらの思想はけっして中心を突いていない、またそれらの思想によって、日本の建築は、全然とは申しませぬが、あまり多くの効果をみていないのではないか。今後われわれはそれらの建築にたいして批評をするならば、いま少しく考える必要はないか。われわれの新しい思想なり、われわれの同僚諸君がもっておられるところの新しい思想なるものはいま少しくその方向を転換する必要はないかと思います。それはあまり直写的ではないか、あるいはあまり多く外国の思想を受け入れすぎているのではないかということを私はつらつら考えるのであります。

しからば私がただいま申し上げた商業的傾向にたいして今後どういうふうに進むべきか、おそらく建築界は依然として百鬼夜行の状態を続けるのであろうということもまた、一つ考えるべき点ではなかろうかと思います。しかるに今日の産業界、企業あるいは商業上の傾向は、しだいに合理化をして無駄を少なくするように進んでいることはご承知のとおりであります。これらの社会的嗜好、大衆の要求にたいして、百鬼夜行の建築をもって、はたしてこれに応じうるやいなや、今日まではできたかもしれませんが、今後は非常な疑問であろうと考えます。そこで今日折衷主義の建築はしだいに従来の乱脈な状態から離脱し、折衷主義の建築をなされる人たちがその作品の上に漸次単純化をはかられ、それらの形をしだいに改めていかれつつあるということは注意すべきことでありまして、これはけっして新しい思想、新しい批評の側面的の影響ではなくして、みずから気づかれ、みずから開拓されたところの傾向ではなかろうかと存じます。

以上私はだいぶん折衷主義の建築にたいして好意をもち、その考え方にたいして理解ある態度をもちたいと努力してきましたし、またそういうふうに私の話を進めてきたように存じております。これは私の話の結論でありまして、私が従来の日本建築界の状態、あるいは先輩同僚諸君がなされた努力の結果についてしみじみと考えてみますと、当然こういうふうな結論に到達いたしますので、これは必ずしも私一人の考えではなかろうかと存じております。しかしながらそれにもかかわらず私は私自身のこの結論にたいして一つの疑いをもっております。これにたいして完全に同意しえない一つの観念が私には生じております。すなわちこの私自身私の結論にたいして一つの疑いをもつということは、やがて将来における新しい建築にたいして、一つの疑問を投げかけているものと私は考えております。もう一度申しますならば、私は前述のごとき好意ある結論を折衷主義建築の上に投げかけてきましたけれども、この結論にたいして私自身非常な不満をいだいております。この私の不満がはたして正当なる道をたどるかいなか、今後この結論が正当なる道を踏むであろうかどうかということは、諸君とともに私自身の今後の努力にまつよりほかないと考えております。簡単ながらこれで御免をこうむります。（拍手）

木とファンタジー

一

かつて、ある座談会の席上で、若い建築家がこんなことをいっていたことを覚えている。日本で木造建築が発達したのは千何百年間に洗練されてきたもので、これをコンクリートなどの材料をもって木造らしく見せる（コンクリート製の和様建築を指す）などのやり方は不自然だと思うと同時に、コンクリート風の住宅（近頃の白い建築）を木造でまねるということもまた不自然だと思う。

一時代前の議論のようにも思えるが、興味を覚える。その言葉そのものではなく、その裏に興味を覚える。私の筆もまたこの言葉から出発する。

われわれは頭でいろいろのことを想像することができる。これはしかし空想のようにも思えるが、空想でないこともありうる。いまこの若い建築家の言葉を借りていえば、無疵、無瓦の白い、豆腐のような建築を木造するのは不自然だとのことであるが、木に非常に有力な防腐剤を塗るとか、絶対耐火剤を注入するとか、とにかくなんらかの方法で科学的な処理を加えてみればコンクリートのように耐火的な永久性を持たせることができないことはない……と頭のなかで勝手に想像する。しかし、そんなものは現実にはできていない。だがわれわれは、少なくとも私は、いま頭でそんなものを想像できないという時代ではないと思いもするし、またいますぐにもできる時代を勝手に予想してはいけないとは私の頭のなかで考えない。なぜなら人生にはいままで不可能だと思われたことがいく度も達成せられた事実を経験し、現にその自負と自信とほこりを持っている。これはわれわれの人生観の一部であり、かつわれわれの思惟の世界に一画をしめていないとは思わない。木造にたいするすなおな考えを持った、この若人はおそろしく自然主義の信者だと思える。

それゆえに豆腐のような張りボテの木造建築に反対するこの若い建築家の議論に、私は反対である。これは私ではない、私の頭脳である。たとえこの建築が五年はおろか三年、二年で腐りはてようとも、その永久的可能を信ずる頭脳の働きが観念化して、この種の建築の存在を是認することができないというようには働かない。しかしこの木にたいする可能は、有力な防腐剤と耐久剤の発見の可能からの直接の原因ではあるが、よく考えてみると、じつは鉄やコンクリートの建築的自由性、その偉大な建築的可能から由来する。いわば広く科学と芸術の自由の世界からひろげられていくものと思える。木から糸を、木からガラスを、木から鉄を、木からコンクリートを、などなどをと考えていくうちに、木そのものの世界はわずかに現実の、しかももっとも安易な木造建築の一局部でしかないように思われて、その反対に科学の関する限り木の世界は、あらゆる建築的偉大な可能性を有する考えとともにそのなかにとけていく。木によって魚を求むというのではなく、木によって魚を求めうる思惟の世界がひろがっていく。だれか、星に懸くる建築といったが、われわれは想像しうるかぎりにおいて、建築を建築しうる予見を持ちうると思える。この一見現実からはなれたような馬鹿げた考えは、めぐりめぐって木の可能性をおそろしくひろげることができる。もしこれが空想だとしたら、おそらく飛行機はまだ地上をはなれていないかもしれない。それゆえに木造ハリボテの豆腐建築の存在を是認する。たとえ、それが数年のうちに腐りはてようと、それは木の関する限りではない。木にたいする頭の世界の関する限りでもなく、建築術の未熟、いわば広く、科学と建築、しかも現実における木造建築の問題でしかない。われわれは、いつも現実の条件から一つの仮定をつくって理論するのが普通である。しかしながらときとして、観念は現実から一歩先んずるのである。瓦葺きがいやでなく、コンクリートの合理建築の美しさにあこがれてのためばかりで、あの豆腐型の木造ハリボテ建築をするのだと想像することには誤りがある。沓《とう》たる建築材料の発見と構造法の変化は、よく庇と屋根の必要を打ちくだくかもしれない、もとより、それは庇と屋根、日射と風土の日本建築の理論そのものの変化でない。としてみれば、科学的自由の世界では、庇と屋根の瓦を固執するいわれはないと思われる。この考えからみれば、庇をつけたコンクリート建築はときとして玩具のように思わせることがある。しかも、なおそれを固執するとすれば、理論でなく、それは庇と屋根の宗教ではないか。われわれの観念のなかには、もはや、科学の可能の世界を織り込み、おそろしく偉大となった近代建築術の働きがその自由と、可能の世界を拡げていることを頭のなかに信じているからではないか。必ずしも観念の遊戯ではあるまい。

二

頭脳の関する限り、科学と芸術の名によって、自由に建築を論じようとすることは、さして難事でないかもしれぬ。われわれは頭で物を思い、想像し、その可能を信じ、そして頭脳で建築する。多かれ少なかれ、日本では過去二十年来頭でしか建築しなかったようにも思えた。あえてそのときどきの新興建築ばかりだとはいわない。それゆえに、その結果として理論はいつも現実からときとして遊離し、またおそろしく先行した。それらの理論の躍進的な結果として、いらち外の最多数の建築と、建築的傾向とは、折衷主義の焼印を捺されて、教師は教壇から、若い建築家たちはまたそれぞれの立場からこの建築を非難した。それにもかかわらず、ひさしく伝統と現実の奥深くしみ込んだこれらの建築は、ともかく、一つ一つ現実の問題を解決して、やがて行きつくところに行くのではあろうが、これに反して、およそ新興的な理論という理論は、いまのところふるわなくなったようにもみえる。これはしかし、理論そのものの欠陥というよりもむしろ、理論の代弁が性急であった結果であると思われる。様式建築にたいする見方と現実の問題にたいする解釈にたいして、ことさらに自分たちのイデーの代弁に引用したり、またそれを固執しなくとも、みずからの実践と理論のうちにもっと多面性と多角性とを持ってもよいはずではなかったか。かつてグロピウスの理論が、「日本」の名によって、一つの運動を植えつけようとした。風土、住むに適した日本の建築、などを基礎として科学の世界が論議せられた。がしかし、それはさらに広い日本を忘れて部分から全体をめざしたように思われた。広く、いや、一つ一つの環境と条件を、克明に克服していくことのかわりに、性急に一定のイデーを代弁した、その結果として、理論はおそろしく窮屈なものになり、したがって作品は硬化して型にはまり、陳腐となり、固定してポスターのようになっていく傾向をみせた。かような状態は、芸術あるいは芸術的心境において奥行きを失うおそれをいだかしめないとも限らなくなったのである。人は、そうした固定した世界には入っていくことを好まないという社会と、イデオロギーを逆にしてみれば、不合理の代名詞たる折衷建築がもっとも合理的であったり、合理建築がときとしてやくざなものになったりする世界が、現われてきたのである。「合理」とはなんぞや、という疑問が出て、われわれは合理主義を安易に使えなくなったのである。

三

ある小劇場の廊下で『鋪道』という雑誌を買って読んだ。生活が解決されずに何の様式ありや、という意味の建築論が書いてあった。百の議論も、生活問題の前ではハタと行きづまってしまう。そのとおりである…………………

……………………………

煙草を指頭にはさんで、椅子によった男が静かに煙を見つめている。「木によって魚をもとむ」か、「木によって魚をもとめうる」かという問題を頭のなかでまだ考えている。おそろしく生活のない風景ではある。

（九、二、二十六）

ディテールについて

建築の美的表現とその内容の評価はディテールが決め手になる。たとえばミースのあの鉄とガラスの建築はたとえほかの人が外観のデザインを真似《まね》しようとも、ディテールまでは真似ができない。その、彼のこれ以上行きようのないつきつめたディテールがあることによってミースの建築があるといえます。たとえば彼の作品の中でミシガン湖畔のアパートやプロモントリー・アパート。前者はいわゆる鉄とガラスで、後者はコンクリートと⊠瓦でできていますが、素材のレパートリーの幅広さは長い経験と蓄積したものを自分自身のオリジナルなものとして生かしてゆく、そういう姿勢によって培われたものなのだと思います。だからミースの建築はだれが見てもミースのものに見えます。日本の民家なども同様に、長い間人がそこで生活し、いわゆる「家」が愛情をもって大切にされて定着し、特有の普遍的な美しさが生まれたのでしょう。名器といわれる茶碗にしても、ただ生んだままだけではなく、愛情をもって可愛がり手入れをし拭いて丁寧に包んで箱にしまっておく――こうして長い時間をかけて、はじめて名器といえるようになると思います。建築もそれと同じことがいえますね。設計して建てるだけではない。施主の方に渡すときに私は、「大事にしてください」といって渡します。施主の中には、私を招待してくれて自分が手入れしたことを見せてくださる人もあります。数年後に自分の設計した建物を見ると、「あっ！ これが自分の設計した建築か」と思うくらい、柱・床・縁側・庭、どこを見ても光っていてよい建築に成長している。

よく生んでよいクライアントに渡り、十年、二十年たったときによい建築になるのだと思います。だから設計というのは建物が完成したときではなく、十年、二十年先が本当の設計ではないかと思います。

ディテールについて人があまり気のつかない部分なんですが、「力」——物理的な力の相互作用、抵抗対抵抗という力学上の表現が建築一般でしょう。このような物理的な表現をもっと軟らかなものに、力の表現をもっと心理的に救えないでしょうか。たとえば、ジョイント部分にワン・クッションおいて、お互いにぶつかり合わないで共存するようなディテールにできないだろうか。そうすればその建物で生活する人びとの心がなごみ、人と人の心の触れ合いにも、とげとげしさがなくなって平和になるのだと思います。それには人の気づかぬところをよくする。これもその一つ。無抵抗な表現もその一つだと思います。見えるところのディテールをよくする——これは建築科の学生でもできます——よりも見えないところ、気づかぬところのディテールに注意して自分自身のディテールを持つように努力することがディテールの神髄だと思います。

建築家十話

一　売り家

大工は自分の家を建てるものではないというK棟梁の話とは、少しわけが違うので、自分の家のことについていうのは気が引けるのだが、なんだか早く家を建てることは、第一、経済が許さなかったせいもあるが、どこかにK棟梁の話と似たような気持ちもあって、なかなか建てる気にもなれず、延び延びになっていた。

そのうち、戦争も激しくなるし、娘の婚期も近づいたので、いつまでも借家住まいもどうかと思って、五十歳を過ぎてからあわてて建てる気持ちになった。戦中のことだから住宅のようなものは建てられなくなってきたので、そのころは、いなかの家を買って建てるのが流行のようになっていた。私もそんなことでもしないとても建てられないので、大和や河内のいなかを歩いて、売り家を見て回った。ことに道明寺から大保の奥にかけ、あのへんの古い民家には出来のいいのが多く、このへん一帯にかけて富裕な過去がしのばれた。しかし、いざ買おうという段になると、大きすぎたり、そうでなければ、なにか、いわくがついていたりした。いつもはひとかどの科学者ぶったりしていても、自分のものとなれば、家相だの、わずかなところにも気になったり、故事来歴などを詮索したりして、買いたいと思うのは案外に少なかった。

このようにしてたくさんの売り家を見たり調べたりしていくうちに、私はこんなことを感じた。いったい家を売るなんてことは、よくよくのことにはちがいないが、売り家の全部が全部、古いものばかりかというとそうでもなかった。割合新しいものもあった。長く続いた家だったが、相場に手を出したとか、村から満州に行った者がもうけて建てたが失敗したとか、およそ売りに出すほどの家だから、少しくらいのいわくつきは我慢するつもりでいたはずだのに、いざとなると気乗りがしなかった。というのはそんな建物に限って、必要もないのにバカでかい梁《はり》がかけてあったり、屋根が大きすぎたりして、どこかに虚構のようなところが、いってみればデザインの点で難点のあるものが多いように思った。私はデザインと売り「家」との間に、なにか私に関係でもあるかのように思えて、慄然《りつ》とした気持ちになったことである。

そのうちに、私の友人が河内の国分に手ごろなのがあるから見ないかと知らせてきたので、見ることにした。村の名家の隠居家だった。老人が先年なくなり、そのままにして置いても、子供たちが東京に行ったので、家に残る者も少なくなるし、いい買い手があれば放してもと思ってみるが、いざとなれば売る気になれないということであった。建物は国分の町はずれの小高いところにあった。坂下から見上げた格好は、まったく典型的な河内民家の姿をしていて、さすがに百年の風雪に耐えた土色の妻壁にはかおりがあった。

母屋は厚い茅葺きで、お寺にあるような大黒柱が薄暗い天井をささえていた。私は広い土間を通りぬけて、裏庭に出た。白壁塗りの土蔵がいくつも並んでいるところは、この家の過去を物語るようではあったが、ところどころ、壁が落ちたところがあったりして、時流に押し流されていく姿がありありと感じられた。父祖伝来の「家」の重荷を、どう処理しようかという話を聞くうちに、なんだか藤村の小説「家」のことが連想されたりして、私も主人と同じような困惑を感ぜずにはいられなかった。しかし、私はこの家の主人の処置を当然だと思った。正直なところ私はたくさんの売り家を見たが、先刻、坂下からこの家を見ただけでよくわかった。私の懇望は主人の心を解いたものか、あなたに引き取ってもらうのだから喜んで放しましょうといわれた。建坪三五坪、一金千二百円也。

屋根裏には、老夫婦結婚記念の駕籠《かご》が残されてあった。

二　普請往来

河内の国分で求めた家は、建ってからおよそ百年くらいということであった。戦争最中のことである。

建物の古さや形などから考えれば、そのくらいは経ているだろうと思った。それにしても少し読みが合わないのは、老人二人の隠居家だから、長命にしたところで違うのではないかと思った。もしかすると、その前から建っていたのかもしれない。ともかく手ごろの広さだし、第一、どこかに気品があったので、買う気になった。格別、上等の材料は使ってなかったが、さすがに材木の本場に近いせいか小屋組や台所のあたりにかけては、かなりぜいたくな材料が使ってあった。

人が住めるほどの小屋裏には分厚い土をのせ「むしろ」なども敷いてあったところからみる

と、そこには人が寝たり薪《たきぎ》なども置いたのだと思う。私は座敷から土間に降りてみた。どこの民家にもあるような大きな梁が、かすかな「そり」を打って広い台所の天井を二分している形で、その空間はすばらしい構成となっていた。私は、家内に、僕はこの梁がほしさにこの家を買ったようなものだね、といって笑った。

間もなく解体がはじまった。百年の風雪に耐えてきた妻壁は、土煙をたてて落ちていった。あたかも解剖をするときの医者にも似た冷静さで、ついさっきまでの私とは別人のようになって、このすぐれた民家の末路を見守っていた。多分私は、私とは別な一人の建築家として、これから建てようとする私の家に立ち向かっているのであろう。長い母屋《もや》は二つにぶち切られ、柱や梁が天日にさらされて残骸のように散乱し、あの魅力的な大梁も無残な格好をしてころがっていた。典型的な「河内造り」は、わずか数日にして、土煙とともに百年の寿命を閉じていった。すると美しい建物の映像が、たとえば人の一生にも似た追憶と愛惜とに包まれて、建築家村野とは別に、私の心のなかで葛藤をはじめた。しかし私はこの建物を本当に自分のものにするには、この家にまつわる長い間の挿話と美しい追懐とをたち切るほかはないと思った。人およびー人の建築家としての私は、このような心の桎梏《しっこく》の上に、自らの「家」を建てることになった。

さて、私はどのようにして改造しようかと思った。まず経済のこと、一介の建築家にも夢があり、それを天秤にかけたりした。結局、外郭はなるべく残すようにして、内部を洋風に改造し、狭いながら茶の間と寝室を藁葺きにして新しく建て増すことにした。ともかく家はで

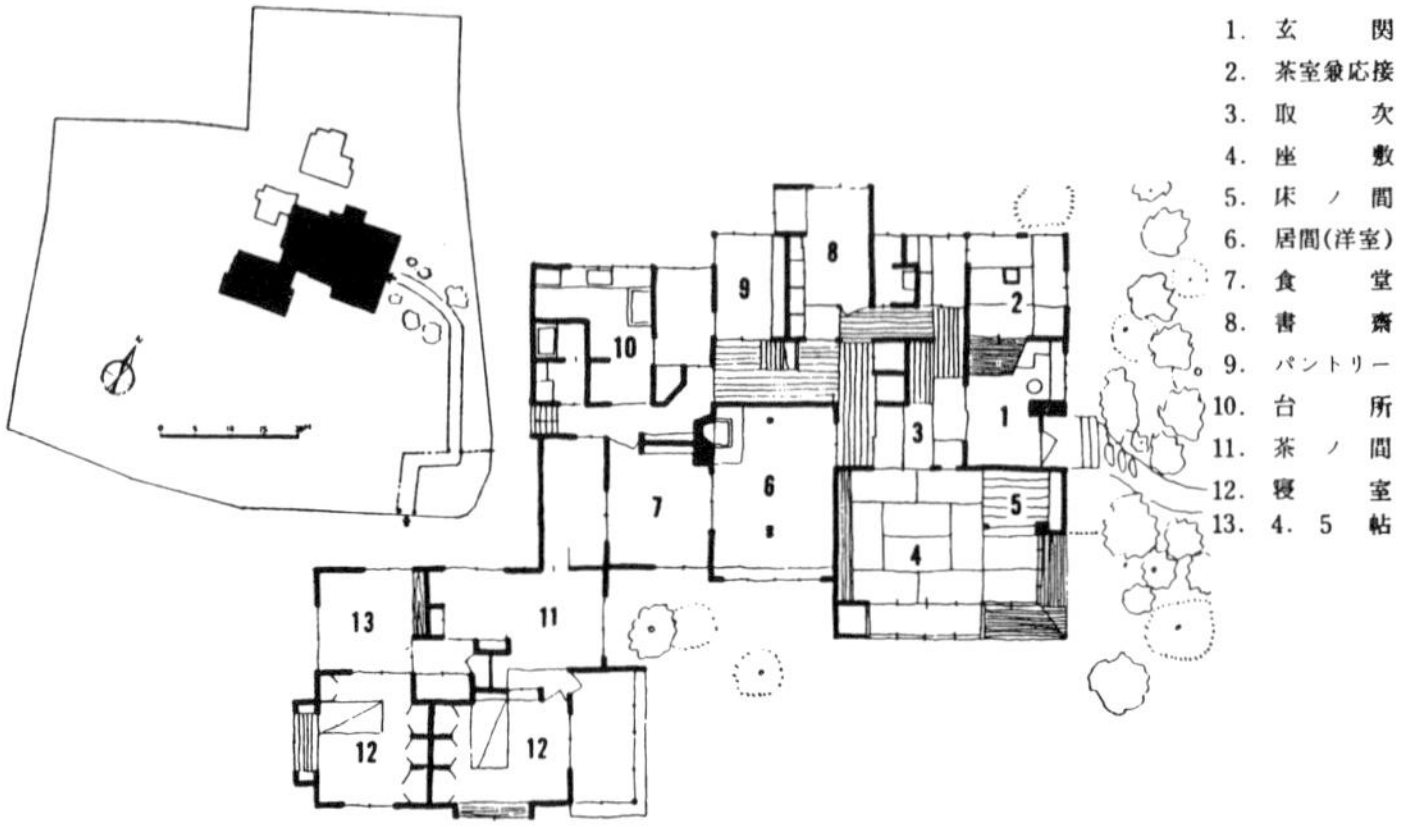

村野邸

きあがることになったものの、少し住みなれていくにつれ、経済のことなどでひかえ目だったが、それも長くは続かなかった。そのうちいい大工が見つかったので雇うことにして、不満なところから直していった。そうなると家内の意向などに頓着はしなかった。この建築家は村野とは別人のようになって、少し費用がたまるとまたその職人を雇ってはとぎれとぎれに普請を続けた。四、五年も続いたかと思うが、その大工は戦後のはげしい職場にも生きていかれなくなったと見えて、そのうち姿を見せなくなってしまった。このようにして私は、それから二、三人の大工を雇っては手直しを続けていった。妻壁に大きな穴をあけて入口をつくり、柱も壁も天井もさんざんに切り開き、手直しを加えて昔日の面影は残さなかった。このようにして長い時間と労力とが「私の作品」となるために費やされた。しかし、あの魅力的な美しい大きな梁は、まだ昔のままの姿で私たちの居間に残されて、私はついに、この大梁には一指も加えることができなかった。もしかすると、私はこの美しい梁の陰にかくれて、卑怯にも建築家としての虚構を築こうとしていたのではないか。

十数年にわたる私の普請も、そろそろ終わりにしたいと思う。

三　住宅設計心得帳

実をいえば、私は住宅の設計は苦手である。だからたくさんやったことはないが、それならいやかといえば、そうでもないと思う。ただ住宅というものは、そうやすやすとできないし、どんな小住宅でも、かなりなビルディングの設計に匹敵するぐらい気をつかうものである。つかうのは当然だとしても、満足のいくようなのがなかなかできないことが多い。それなら万金をかけたからといって、良いものができるとは限らない。ある場合はその逆の方が、心を引き締めて良くなることもありうると思う。なけなしの費用でやってくれと頼まれるときなど、そんなときこそ、本当にどうかしてお手伝いしたいと思うこともある。しかし、たいていは良いのができない。

ほめられたり、傑作をつくるなど思いもよらぬことだとしても、せめて先方に気に入ってもらいさえすれば、それでやれやれというところである。それくらい、住宅の設計はむずかしいものであると思う。だが住宅の設計というものは、あるときはお互いに身近なところまで立ち入って話し合わないとできかねるところがあるので、われわれとしては職能を通じて双方が深く知り合い、また知ってもらうことになって非常に親しくなるということは、人間としてこれほどの喜びはないと思う。これは建築家のみに許された幸福だと思う。だから万一失敗でもしようものなら、とりかえしのつかないことになるので、私などたんに職業意識だけでは、やれない気になって慎重になるのである。

いまは故人で、大阪にN製鋼所を創立した人だが同郷の関係もあって私の仕事には格別の関心を持っておられ、どうしても、自分の家を君に設計してもらいたいといわれた。かなりの建築で、そのころとしては大邸宅であった。三十数年前のことである。私は、N社長の知遇に感激しているので、自分の作品として恥ずかしくないものにしたいと意気込んで仕事をしたが、工事が九分どおり進んだころ、解体船のサロンに良いのがあるから、それをはずして二階につけたいといい出されたので、私は断った。どうしてもやるなら、手を引くとまでいった。こんどは社長自身が来られて、君の思うとおりにやらせるからといわれた。建築家として、思うとおりにやれるというくらい弱くなることはない。すると、また解体船がはじまった。そんなことを繰り返しているうちに、家はできあがってしまった。建築家は自分で手がけるほどのものは、自己の作品として大切に考えるものである。これは古今にわたる通念である。しかるに住宅に限って、そうでないことがあると思う。

君、よろしく頼む、僕はしろうとだから万事専門家にお任せするよ。――これは住宅の場合、ほとんどうそである。もちろん多少の条件や要求は当然のことである。信用されるのはありがたいことだが、私はそのような言葉にはよほど用心をしてかからないと、思わぬ失敗をするので、自然、慎重にならざるをえないのである。第一、自分の「家」を他人の建築家に頼むことからして、無条件でないにしても、頼むほうとしても、よほどのことだと思う。昔は大工や職人を自分で指図したぐらいだと聞いているので、建築家だからといって、思うとおりにできるとは限らない。お互いによほど苦労しなければならぬと思う。

しろうとにも、しろうとなりの夢があり、この夢がまた大切だと思うからである。そこであなた一つこのうちから、どの家が一番お好きですか、たくさんの住宅雑誌を相手に見せる。つぎは奥さんになんでもいいから自分の希望する間取りを書いてください、できないといわないで、マッチ箱を並べたようなのでいいから書いてください。つぎは室内、つぎは台所、つぎは家相、その他もろもろのことまで書いてもらったり、雑誌を見せてもらったりすると、たいてい頼む人の気持ちも希望もわかるものである。そこでハウスドクターの診断は終わる。あとの薬は医者にお任せください、である。

四 修 業

私は若いころ渡辺節建築事務所（大阪）からアメリカに派遣されることになった。一九二一年（大正十年）八月、そのころワシントンでは戦艦陸奥のスクラッチ問題（武装解除）が議せられようとしていたと思う。

表向きの用件は、当時設計中のK銀行の金庫扉と外装用のテラコッタの製作図を検討することであった。それはあくまでも表向きだけのことで、目的はアメリカ建築の見学と研究にあった。しかし先生はそれにはひと言もふれられず、遊んだり食べたりすることだけを予定され、それに必要な費用も十分に見込んでもらった。そのころの文部省の留学生が年額一千円ぐらいなのとは格段の相違があった。ここに、その予定なるものの一端を紹介しよう。

まず太平洋は外国船たること。バンクーバーに着いたら、ホテル・バンクーバーに泊まって最初に散髪をして、散髪をしながらクツをみがかせ、マッサージをすること。終わってからマニキュアをしてもらうこと。もっともマニキュアをしながら女に冗談をいったりすることは君にはちょっとできまいから、それはニューヨークに着いて言葉ができるようになってぜひやりたまえ。つぎは、カナダからシカゴに出る途中、バンフというところに下車して、一流の温泉ホテルに泊まること。シカゴの宿はブラックストーン。夜はモリソンホテルの地下でアイスショーを見ながら食事をすること。まずこんな調子である。これだけで、私はいささか心配になってきた。食事のこと、食堂でのマナー、言葉、何一つ経験も見たことも、それかといって度胸もなかった。ただ、このごろとちがうところは電報一つでホテルの予約ができるぐらいのものである。まだニューヨークでの予定があった。

さて私は予定のとおりカナディアン・ラインのエムプレス・オブ・ロシアの一等船客となっ

て乗船した。私ども三人きりの日本人、あとは主として西洋人ばかりといった状態であった。中国人もいくらか乗っていたと思う。毎日、毎日、昼はデッキ・ゴルフ、夜はダンスと賭博でにぎわうのを見るだけで、九日間の船旅は人が想像するほど楽しいものではなかった。それでも船が港に着くころになると、いくらか洋風の生活にもなじんだ。まずホテルの建物の大きいのに驚いた。予定されたとおり散髪、マッサージ、マニキュアもやったが、あまり気持ちのよいものではなかった。クツみがきが日本人だったのでがっかりした。やっと上陸第一日の日課を終えてほっとした。後年一、二度このホテルに泊まる機会を得たが、当時を思い出して笑ったことである。

シーズン・オフに近かったが、それでもカナダの大陸横断鉄道にはまだ観光客がたくさん乗っていた。美しいロッキー山や沿線の森に隠見する教会の塔は印象的であった。八月だというのに、アメリカ中部は雪の平野が長く続いていた。やっとシカゴに着いてブラックストーンに泊まった。ホテルの食堂は美しく、タキシードでないとはいれないと聞いていたが、私は黒服で通した。その翌日は夜のモリソンホテルに行った。さすがにアイスショーは美しく、舞台は暗い客席と見事なコントラストで飾られていた。ロウソクの光でほの暗く照らされた客のざわめき、衣ずれの音、ボーイの笑顔や盆の手さばき、段形の客席のなかは何が行われているか暗くてよくわからなかったが、感じでたいていのことはわかった。まったく、ここでなければ見られない光景であった。絢爛《けんらん》たるブラックストーンの食堂、モリソンの薄暗い食堂の美しさ、この対照的な、そのなかで、私は興奮したり全神経を針のように働かせたりしているうちに、孤独も旅愁も感じなくなってしまった。

いよいよニューヨークに着き、予定のとおりホテル・ペンシルベニアに泊まることにした。それからしばらくの間は、ここを中心として昔のウォードーフ・アストリア、コモドア、ボルチモアなどいろいろのホテルを転々として泊まり歩いた。そのころになると、アメリカの生活に不自由はしなくなったが、リッツ・カルトンに泊まることだけは気が引けた。結局、在米十年の友人を無理に誘って泊まるには泊まったものの、ホテルの気品とコロニアル風の渋い好み、室内の装飾、すべてヨーロッパ的なところに圧倒されてしまった。

クレアモント・インで食事をすることも予定のなかにあった。ここのかき料理は有名だからぜひ行くこと、大きなサラに盛られた氷の厚さに注意したまえ。――先生からの注意はざっとこんな調子であったと思う。それにしても、いったいサラの氷が何を意味しているのか、先生は私に何かを通じて感触の度合いを計っておられたのではないかと思う。まったく、心は窓のように大きく開かざるをえなかったのである。

このようにして、仕事の余暇を食い、かつ遊ぶことに費やした。友人たちは、一見、遊興三《ざん》昧《まい》とも見える私の日課を羨望したが、私はそれどころではなかった。重労働にも等しいような体験は、やがて血肉となり、心の奥に深くしみわたって、たとえば子供が耳から英語を教わるように、知識や目で学びとるのとは違ったものがあった。この訓練が後年の私にどれほど役に立ったか、いまもって先生の意図をありがたいと思っている。

五　百貨店

私はこれまで、いくつかの百貨店の設計に関係しているので、そのことならなんでもわかっていそうで、実はあまりわからない。なにぶんにも、いわゆる消費大衆を対象におくので、その動向や志向は自然と建物に反映し影響をうける。営業のことは別として、建築の分野ではどこをつかんでよいか、とまどいをするのである。もっとも大衆の動向や志向については、専門的な研究もあり、ある程度の統計や法則のようなものがあるのだが、具体的なことになり、これを建築として表現する段になると、われわれに期待されるところが多く、責任もまたそこにあることはいうまでもない。膨大な面積を有する百貨店でも、その約半分は事務的なところで、ある程度合理的に処理できるのだが、あとの半分と外観、この外観は一般の建築のように簡単にはいかない。

昔はよく聞いた話だが、朝日がさし込みすぎて店が繁盛しなかったとか、入口のどこかの柱がじゃまをして、その店はつぶれた話、はなはだしいのになると呉服屋で美男の番頭を店先に置いた話など、どこかに真理がありそうに思う節もある。現代の大百貨店にも、そうしたことが皆無とはいえない。一歩まちがえばやりすぎて建築は堕落したものになるので、そこのけじめが重要である。映画、演劇など大衆相手のものは似たところがあると思う。

昭和五年ごろ、私は大阪のS百貨店の設計を担当したことがある。外国の百貨店など実際に見て回り慎重に設計を進めていった。この店の創立者であるK氏が私に、こんなことをいわれた。われわれの運命をかけたこんどの建築は店の興廃を左右するのだから、その責任はかかって君の技量にまつところが多い。自分としては六分の責任を君に期待している、とのことであった。その逆だとしても建築家には大変なことで、私はその話を聞いて粛然としてエリを正す思いがした。いまもって、このK氏の言葉は脳裏を去らない。

かつて、私は神戸でD百貨店の設計を担当した。昭和十年のころである。S社長いわく、僕の方は「箱」をつくってもらえばいいよ。注文といえば、ただそれだけであった。S社長は当代一流の百貨店の経営者であり、キリスト教的な教養のある人格者として知られ、私などもこの人には傾倒したものである。さて、この「箱」とは何か。この人は百貨店の建築を合理的な容器として考えておられるのではないかと思った。商売だけで勝負をしようとする考え方である。

しかしこの合理主義はつきつめていくと、百貨店としては少し危険ではないかと思った。私はモスクワでベスニーン作の百貨店の建築を見たことがある。単純そのものといったような作風は、そのころのロシアの建築の代表的なものの一つであった。それは百貨店というよりも配給所の概念に近く、一九三〇年のころだから革命に疲れた人たちは、そのなかで暗い顔をしていた。合理一辺倒、販売能率を主眼とするそのような極端な合理主義建築は別としても、栄養を欠いた秀才を見るような冷たい合理的な建築になることをおそれて、どんなものにしようかと迷った。

ある日、S社長は店内のアイスクリーム売り場で小さいのを売っているのを見つけた。これは小さいね。これぐらいにしないと引き合いません。そうか、損をしてもいいからもっと大きいのを売りたまえ。この話をだれからか聞いた。私はその話を聞いて、これだなあと思った。損をしてもいい合理主義が何を意味し、何を教えているか、私はこの話にたいする過当評価を慎みたいと思う。だが、そのなかには何かを越えて、人間にたいする配慮が含まれていることだけはまちがいのないことだと思った。

D百貨店はS百貨店とは違った表現となった。外壁は紙のように薄く、窓はただ何のこだわりもなく大きく開いているばかりである。

六　家とPX

終戦直後、私に進駐軍から出頭せよという通知がきたので驚いた。何事かと思って、大阪のそごう百貨店に行った。すでにそごう百貨店の建物は、PX（進駐軍の酒保）として接収されていたのである。建物の内部は長い戦争で荒れはて、昔の面影はなかった。これまで持ちこたえてきた店の人たちの苦労もさることながら、終戦になり、いざこれからと復興を楽しんでおられたやさきに接収されたのだから、店の人たちの気持ちが察せられて、建物の姿もあわれに見受けられた。さて、どんなことをいわれるかと、心は進まなかった。しかし若い二人の将校たちは、意外にも非常に丁重で、つい最近まで敵国の人とは思えないくらいであった。

この建物は、これから軍のＰＸにする。あなたはこの建物の設計者として改造を指揮してもらいたい、とのことであった。私は意外なことでいくらか驚いたが、しかしこの荒れはてた建物がもとの姿にたち返るのかと思うと、うれしかった。ついては、あなたには、軍から毎月、月給としてこれこれの給与をさし上げたいと思うということであった。その額は、当時としてはかなりのものであったと思う。しかし、私はそれを断った。アメリカの月給はもらえないと思ったからである。建築家は報酬をもらうものである。報酬でなら働いてもいいといった。いろいろのことがあったが、軍は私の希望どおり報酬を与えることにして、改造の仕事に関係することになった。こんな関係もあって、改造後も引きつづき、建物の維持監理をやることになったが、途中でおもしろくないことがあってやめてしまった。いくらか、潔しとしない気持ちなどもあったと思う。

これは、後日わかったことだが、若い将校の一人でSというのは、ピッツバーグのカーネギー・インスチチュートの建築の出身者として、卒業と同時に従軍したので、建物のことや建築家のことはよくわかっていて、福知山に軍が進駐してから大阪市内の百貨店を調べたうえで「そごう」に目星をつけたとのことであった。つまり、この若い建築将校に見込まれたのが不運のようなものになったわけで、あとでその将校は私に、建築が気に入ったので接収したのだといって笑った。まったく笑えない話で、そのため「そごう」は非常な災難をこうむったことになったのである。改造工事中は外務省の奥村さんなどときどき見えられ、将校と話をしているときでも、私にだけは非常に丁重で、別待遇をしてくれた。私が少し遠慮していると、自分の机を使えといったりした。

その後しばらくしてから、私はロサンゼルスのあるホテルで食事をしていると、後ろから私の名を呼ぶ人があったので振り向くと、そのときのもう一人の将校であった。お互いに抱き合って奇遇を喜んで、彼の友人に私のことをグレート・アーキテクトなどといって紹介したところをみると、戦争に勝っても、職能のうえでは先輩として尊敬し、その点の理解はさすがだと感心もし、また好感も持てた。ときどき、私の宅にも遊びに来たが、正装して胸に勲章をつけたりしていたところをみると、相当の礼儀をつくしていたと思う。

あるとき、二人を誘って桂の離宮を見物に行ったことがある。荒れてはいたが、五月ごろの夜の景色には二人とも絶賛を惜しまぬ風情で、よく日本趣味を理解していた。多分どこか、書院のところであったと思う。床柱のなぐりが黒く光っているのをなでて、〝オー・ラブリー〟といった。この若い将校にも、これがわかるのかと、いささか意外であった。この人はいま、ニューヨークで室内装飾の事務所を開いている。わび、さびなどという気持ちは、こんな若い人たちの実際の理解に負うところがあるのではないかと思う。もう一人の将校はユダヤ系の人だが、相当富裕の人だとみえて、彼の家は祖父の時代から住んでいるとのことで、私の家を訪問したときなど庭のコケを見て立ち去りがたい風情をしたところなどから察すると、この人の生活がわかるように思う。兄は相当の子供服専門店を経営しているとのことで、その後、ニューヨークに行ったとき見たのだが、フィフス・アベニューにりっぱな店があった。私たちは一般にアメリカ人のように個人主義の家では、そんなことはないと思っていたら、その将校のような家庭もあり、また私の知っている人にも、それはある会社の技師長級の人だが、結婚した娘の部屋を家にいるときのままにして、娘夫婦が来たときに泊めるのだといっていた。

一九三〇年のころ、ロンドンのサミュエルという邸宅を訪問したことがある。大阪商船と深い関係があったので、会社の支店の案内で見せてもらった。さほど大きな家ではなかったが、居間にはエリザベス時代からの家具や調度の類がそのまま置いてあって、日常使われている。ときどき修理はされても、代々の人が祖先からの家具に日常親しんでおられるところをみると、さすがにイギリスだと思った。

七　聖堂の建築

終戦とともに、日本に新しい時代が始まった。新しき日本は建設されなければならないが、この新たなる日本は古い日本に深く基礎を持ちながら誕生する必要がある。日本文化には世界に知られずにいる尊い珠玉が存在している。その価値ある宝を失うてはならない。フェニックスがいつもその灰から生まれかわるのと同じように、この日本古来の宝が新しい日本に清新な姿で復活しなければならない。（中略）この聖堂が神の恩寵《おんちょう》と世界の真なる平和が与えられる象徴となることを熱望するものである。（下略）

フーゴー・ラサール

これは広島の世界平和記念聖堂の建立のために、その発願者であるラサール神父が聖堂の懸賞競技設計図集に寄せられた序文の一節である。

神父はみずから広島の教会で原爆を体験され、その悲惨な状態を目撃して、世界平和と慰霊のために聖堂の建立を発願され、戦後帰化第一号となられた人である。「世界平和の礎にその生命を捧げた人々を記念するため旧広島カトリック聖堂跡に本教会は新しくこの聖堂建築を計画した」これは懸賞競技の趣旨である。

私ははからずも今井兼次、伴野三千良、森忠一の諸氏とともに、聖堂の設計を担当することになり、私の事務所の近藤正志君が助手として参加した。構造は内藤多仲先生が担当され、現場監督は長谷川善積氏、工事は清水建設が当たり、広島支店の菊地辰也氏が施工主任となって仕事を始めた。戦後五年目ぐらいであったと思う。

私はこの設計にあたりドイツの建築家ポール・ボナッツの手法にならい、それに日本的風格を与えるように意図したが、結果はそれを十分に表わすことができなかった。しかし、ここで私は思わざる幸福に恵まれることになった。それはラサール神父を知ったことである。

建物の規模は、五階建ての建築がはいれるぐらいな会堂の天井の高さであることを想像すれば概略のことはわかると思う。鐘楼は高さ一五〇尺の塔になり、ドームの上にはフェニックスをつけた。そのころはまだ統制があり、自由に材料を集めることができないので非常に苦心したが、それよりも物価騰貴には悩んだ。神父はあの長身で、小さなバラックに起居して建築のために専念し、世界中を回って会堂の募金に努められ、また日本でもこの企てに協力する人も多く、募金は相当の額に達したが、いかんせん、当時の情勢としては予期のごとき募金はできなかったようである。

この間神父は、文字どおり東奔西走して世界の友に呼びかけては物心両面の援助を仰がれ、とくに神父の故国ドイツからの援助は長く続いたようであった。なかには、祭壇のために地上一〇〇尺のドームを寄贈したいと申し出る外人もあって、一時は途切れがちの工事も、ようやく二十八年に終わり、高松宮総裁が臨場され、また各国から関係者が集まって、盛大な落成式を挙げた。竣工後も各方面から建築に必要なものが次々に寄贈され、今井教授の原案で故武石弘三郎先生の原型による大彫刻が正面に飾られた。各国からの寄贈はその後も続き、昨年一階のステンドグラスの完成をもってひとまず約十年になんなんとする工事も終わったようである。寄贈されたもののうちには実にりっぱなものがある。なかでもウィーン市寄贈のステンドグラスやアデナウアー前西独首相のガラス・モザイクなどは見事なもので、いずれも日本の建築界にとり、貴重な資料となるものばかりである。

長期にわたる神父の苦心についてはわれわれは多くを知ることができないが、いく度か工事は中絶のうき目にあったことからして、おおかたの想像はつくと思う。あの長身の神父が三等車のすみの方で、身体を「く」の字に折って眠っておられるのをいく度か見かけた。その姿は痛ましくも哀れで、それを見て私どもは感動のあまり頭が下がる思いであった。神父はいまでも板張りの上に畳を敷いて寝ておられるであろう。禅を好み参禅してカトリックとの関係を研究しておられると聞く。私に何か頼み事でもあると飄々《ひょうひょう》として来たり、私が忙しくてできなければいく度でも足を運ぶという調子である。いつか工事も終わろうとするころ、神父から墨痕《ぼっこん》あざやかな筆跡で聖句が贈られた。

看よ、神の幕舎は人々と共に在り
神彼等と共に住み給はん

八　ローマの一日

一九六二年十月某日、私たちは車を駆って南郊に出た。労働銀行が投資したという勤労者のアパートと、N劇場に使用する大理石のモザイクを研究することがおもな目的であった。このアパートについては、以前の旅行で大体のことはわかっていたが、それでもまだフに落ちぬところがあったので、もっと詳細なことを知りたいと思った。

私はアパートのことについては、まったくのしろうとといってもよいぐらいな知識しか持っていなかったが、ただ、このアパートについて私の興味のある点をいえば、普通の高層アパートではなく、たとえば空中楼閣が家族単位になって組み合わされているように思われるところが、私の興味をひいたのである。何十という世帯がハトの巣のように、きちんとおさまっているのは本当の住まいになるかどうか、街づくりに都合がよくても、生きた人間づくりに都合がよいとは限らない。そこで旅行のついでに、も一度、その勤労者住宅を見たいと思ったことである。

いくらアパートでも、一代きり、いや結婚当座用のものばかりでなくて、事情によっては二代も三代も同じところに住まないとは限らない。当座のさし迫った社会事情でやむをえないところもあるが、少なくとも住まいという以上、たとえ一日の労働力がただ回復されるだけの仕組みでなく、何かあたたか味のあるものに考えられないものか。その点が疑問なので、勤労者の実際の住まいを見たいと思った。場所は記憶しないが、ある職長のアパートを見せてもらった。あまり大きくはなかったが、一室だけは、まだ仕上げないで物置に使ってあって、いずれ金がたまったら仕上げるといっていた。私はこれなら自分の「家」になると思った。

さて、車はさらに別な方向に走って行った。やがて、新しく建てられた官庁街のようなところを通りぬけて、パラッツォ・シビルタ（国民会館）の前で止まった。私は新しい建物にも興味があったが、それよりもひところのムッソリーニ時代を代表しているような、この建物に興味があった。建物の回りには、大きな石の彫刻が立ち並んでいた。高い石壇をのぼってパラッツォ・コングレッシ（国際会議場）の方を見ると、街づくりはさほどのこともなかったが、南国の花壇にはまだ美しい花が咲いていた。

やがて私たちは、彫刻のあるところに歩いて行った。一瞬、私たちの足は止まったと思った。横を向くと、相擁した若い男女がひとかたまりとなっているのを見た。真昼のこの生きた彫刻は、周囲に私たちのいることには頓着しなかった。そこには、何か非常にたくましいものが漂っていた。私たちはたとえば映画のなかの老人がするような素振りをして、通りぬけるのに努力が必要であった。私たちもまた日本にいるときとは違って、いまラテン民族のなかにいることに気づいたのであろうか、心のどこかに寛大さを呼び起こしていた。だが、このような男女関係の理解がやがて、美しく自然的な姿で正しい社会の基礎となり、文化も家庭も国も、そのうえに築かれていくのではないかということにしても、それをどう理解するかという段になると迷った。

石の彫刻は力強く、まるでムッソリーニそのもののようであった。すると、裸形の女神がその中心のところを男形の落書きでよごされているのを見て、私たちは愕然《がくぜん》とした。この国の光栄あるヘレニズムの末裔《まつえい》たちのなかにさえ、このようなバカ者がいるのかと思うとニガニガしく、私にも何かかかわりあいでもあるかのように思われ、そこに手をおおうような気持ちで走りぬけ、再び玄関のところに回った。

ふと、私の視線をさえぎるものがあった。ほっそりとして丸味を帯びた皮膚の緊張は、まぎれもなくグレコの彫刻だった。私は救われたような気持ちになった。グレコだな、とつぶやいた。教養のありそうな私たちの運転手は、本当にグレコですね、あなたも、しかるべきこの道の人でしょうといった。それにはなんとも答えないで、車をスタジアムの方向に走らせた。

九　建築への関心

このほどあるラジオの対談で建築批評にふれて一言したが、その際質問者の問いには十分答えられなかったのを、ここで補足したいと思う。こんなことはわれわれ建築家の間では格別めずらしいことではない。それは何かといえば、新聞記者の方々にもっと建築のことを知ってもらいたいという趣旨のもので、質問された意向も多分それを話してもらいたかったのではないかと思っている。

しかしこの話は何も建築に限ったというわけのものではなく、それ以外のことでも専門的なことは、みな同様であると思う。専門というのは科学技術に関することが主である。新聞の事情など知らずにいえることでないので、その点いささか無責任のようではあるが、最近は政治、経済はもとより、社会や文化の方面にいたるまで専門的な関係が深くなり、ある意味では科学技術の問題で政治も経済も動かされていると思うぐらい、その重要性が加わり、その点ではとうてい昔日の比ではない。これは周知のとおりであると思う。

ところで、われわれ建築だけの分野からみても、今日の建築および建築関係のことがいろいろの方面でいかに重要な問題をかかえているか。試みにさきごろ建設省十五年史が贈られたのでそれによると、戦後同省で関係したいろいろのことが書かれてあって非常に貴重な文献であるが、それを見ただけで建築に関する問題がいかに広範囲にわたり、また一国政治の重要な部分を占めているかがわかる。しかるに、これほど重要なことでも、一般の理解は案外に低いようである。

いってみれば建築は地上に人間のための第二の自然を人工的につくっているようにも考えられるほどで、いやでも人間の目に映じ心にふれることから始まって、われわれの生活環境のもっとも重要な部分となり、これがいろいろ社会的な問題にまで発展し、政治を動かし、経済的にも重要な関係を持つものになるというように、今日では建築の重要性が非常に増してきたということは過言ではないと思う。

たとえば都市計画、住宅問題などについて考えても、文化的なことは別として、社会問題や政治経済の問題にまで発展して考えなければ解決できないものがあることは当然であって、どれ一つ取ってみても一国の政治を動かすほどの重要な問題に関連していないものはない。おそらく、国の財政のうち何兆何千億円という巨額のものが建築関係の方面に投資されたり消費されたりしていると思う。それだけ考えても、われわれはこの問題についてある程度の知識と関心を持つ必要があると思う。

最近はすぐれた建築評論家の活動もあって、一般にもしだいに建築関係の常識が深まってきたことは喜ぶべきことである。この傾向が文化、芸術といった方面ばかりでなくもっと社会や政治経済の諸問題にわたっても論議されてすぐれた評論が出るようになると、さらに建築の重要さが一般に理解されることになると思う。きわめて卑近な例だが、外国旅行をして何を見てくるかといえば、ほとんどが建築である。

議会の議事録や、いろいろの統計などを見れば建築関係の動きなど国に関係のあることは理解できると思う。しかし建築は言葉や数字だけでは理解できないところに、建築を理解することのむずかしさがある。市街地の構成や住宅環境の問題にしても、人間にとって物心両面に重要な関係があるというのは、建築が立体的であるということにもよると思う。数字や統計だけで政治ができても、それには限界があって、それ以上が問題なのである。

話は何兆何千億円、政治経済のことから人間心理のことに及んだが、ここまでくると、どうしても新聞の力によらねば一般の理解を得ることはむずかしいと思う。時おり記者の方が来られてお話をすることがあるが、建築にたいする知識や理解が低いのは案外である。根本から説明してかからねば本論にはいれないというのでは、いささか閉口する。それというのも、建築は他の芸術と異なり、理解しにくいのと、純粋に芸術的なところがあるかと思えば非常に科学的なところにも関係があるので、なお困難である。それが、さらに文化や社会問題といった方面にも発展して考えなければならぬので、いっそう理解しがたいものになる。

そこで、これほど難解で重要な問題に関連のある建築のことに理解と知識のある専門の記者がいて、新聞紙上で一般に理解されるようにしてもらいたいというのが私の趣旨であったと思う。

十　断　層

どこの建築場でもあるように、A現場は竣工を目前に、追い込みの乱戦状態にあった。建物の機構は複雑だし、使用する材料もおそらく何十種かの手工業が投入され、それとほぼ同量の機械的な工法と材料が使用されていた。工事は必ずしも計画のとおりには進行しなかった。その齟齬《そご》を夜明け前の数時間で一挙に取り戻して、明朝の竣工式に臨まんとする気がまえだった。

しかし、膠着《こうちゃく》状態になっていた工事は一進一退して、われわれはここに万策つき、ただ拱《きょう》手《しゅ》傍観するよりほかはなかった。このようにして、数年にわたる大工事の結末を飾るはずの最後の夜の光景は、ただ、焦燥に時が経過するばかりであった。

その天井はいつまでに終わりますか。

あと三時間で終わる予定です。

あの隅は……。

四時間ぐらいはかかると思いますが。

このすぐれた職長の答えに私は愁眉《しゅうび》を開いた。ほとんど三尺おきに並んだ集団は、まさに人海戦術にも等しく、私はこの光景に圧倒されてしまった。天井の石膏は、次々に取り付けられていた。首を後に折り、手は高く延びて天井をささえていた。しかし二時間の後に回って来たときには、仕事は予定の半ばにも達していなかった。それでも、職人たちは黙々として手を動かし、疲労の影など、どこにもなかった。

この最後の一瞬は、彼らにとってもまた最後の瞬間であった。しかし職人たちにとっては、この貴重な一瞬が賃金で代償され、自分たちが、いま、手にふれ心を込めた仕事と愛情とを引き替えにされることは、さらに苦痛であった。長い間の手練と英知をささえてきた自分たちの腕とわざが、この一瞬で、誇りを失うことは、かけがえのない苦痛であるようにみえた。彼らは時の刻みに全神経を集中しながらも、より深い愛情が、鋭い神経を通じて仕事の上に流れているようにみえた。その光景はいままでも自力によってささえ、持ちこたえてきた。

このわざは、長い努力と修練と仕事への情熱だけが、ただ一つの伝法だったのかもしれない。しかしすぐれた職人たちも戦後の波に押されて、つぎつぎに転向し、職場から駆逐されて、およそ自分たちのわざとは何の関係もない仕組みのなかで生きていた。ここでは、こうして転向していく仲間たちを、あたかも自分一人でささえでもするような、そのような気骨が流れているように感ぜられた。私はこのゴール寸前の情景を、ただ黙々として見ているよりほかなかった。やがて彼らにたいする感謝は督励にまさることに気づいてきた。

私は広い建築場を、あちこちと検分に回った。すると、ここにもまた別な集団があった。雑職工とも思われるこの一団は、ある者は工程を終え、またある者は予定の時間を残していた。

彼らには明らかに疲労の色が見えていた。疲れはてた労働からのがれるための盗睡が集団となり、居ぎたなく雑居していた。彼らは技術における自分自身の誇りから遊離して、ただ、質より量へと価値を追求していく一団のようにもみえた。私は、たったいま緊迫した職場内の情景を見たのとは、およそ対照的なこの場の光景は、まったく異質の存在のように思えて、いましがた私の心をとらえた感謝は、いいようもない憤激にふるえた。

しかし、それも長くは続かなかった。やがてもとの冷静を取り戻すと、憤激は肯定に変わり、ただみずからの不明を反問するよりほかはなかった。この一見矛盾した職場の光景が、あたかも日本の生産事情における断層にも似て、この建築にたいする私の心境と、その心境への偏位をどのように直してよいかと迷った。

その朝は好天に恵まれていた。たったいままでの疲労と焦燥は絶望にも似た感情に支配され、やがて反省と責任感とに変わり、冷静さを取り戻した。

四カ年にわたる長い工事は、全工程の四割を残して、われわれは式に臨んだ。たとえば、マラソンの選手がゴールを目前にして倒れるときのように、その寸前で倒れてしまった。

わたくしの建築観

一　建築家への道

ご承知かとも思いますが、私は工業学校出で機械を勉強していました。兵隊にゆくまでは、それでしばらく八幡製鉄所につとめていたのです。この八幡の影響というのは人にもいわれ自分でもそう思うのですが、かなり強かったようです。生まれは唐津です。しかし物心ついてから八幡に移り、そこでずっと暮らしました。製鉄所にいたこと自体もいまではプラスになっていますが、もう一つは感覚的な面への影響ですね。私の作品のシルバー・グレイというか、ちょっとブライトでない色調。これはやはり八幡の煙の多い空、それから鉄、あの感じです。これをもっと洗練すれば「渋い」ということになる。森五に象徴される一つの感覚。これは一生私に影響したのです。ですから白という色には、私は容易になじめなかった。白と赤のコントラストなどというのはごく最近の傾向です。少し明るくなってきたのは、少し幸せになってきたからかもわかりません。

ところで私が建築家になった動機というのが、ちょっとふるっているのです。水力発電をやろうと考えて早稲田の電気科で勉強しているうちに、とてもこの電気の数学ではおれはダメだと音をあげたことからでした。水力発電をやろうとしたのは、もともと私は体が弱かったので山の奥の発電所で暮らしたら体も丈夫になるだろう、兵隊から帰ったらもう一度電気を勉強しようと考えていたのが動機でしたが、実際にやってみて、とてもこれではおれは電気ではえらくなれっこないとわかりました。

そこでどうして建築に気がついたかというと、これは都会の影響なのですね。早稲田に入って都会に出て、いろいろな建物を見、はじめて建築とか造形的なものに目が開かれた。田舎の学校にいてはわからないことでした。そしてちょうど電気で困っているときでもあったし、建築のむずかしさというものは何一つ知らずにしゃにむにやりたくなった。ただ、そういうところに気がついたというのは、やはりもって生まれた天分というものもあったと思うのです。そう解釈しないと、ちょっと説明がつきません。

ところで、そのころ早稲田は転科がむずかしくて、なかなか許してくれないのです。そこで亡くなった安部磯雄先生のところへお百度詣りして頼みました。その一方で、もしどうしても転科させてくれないのなら、電気のなかでも造形に関係のある舞台照明をやろうと決心していたわけです。

そのうち安部先生がとうとう根負けしたのか、それほどいうのならしかたがない。お前、自在画ができるか、できたらパスしてやろうといってくれました。私は絵が好きで小学校でも得意中の得意だったから、そんなことはすぐできると別に問題にしなかった。すると今度は、私自身はたして建築に向くかどうかを先輩にたずねたいと思いました。

そこで私は、早稲田の先生で、ついこのあいだ亡くなった徳永庸という、やはり福岡出身の先輩に建築に向く性格・才能とはどういうものかとたずねたわけです。すると答えは、まず第一に数学ができること――苦手なほうですが、それでも工業学校時代は一〇点から悪くて八点ぐらいで、電気へ入ろうというくらいだから落第点はとっていないわけです。それからその次の条件がふるっていた。文学に興味をもつこと。この二つがあれば建築家になれるというのです。

この答えは、私、いま考えても非常にりっぱな答えだったと思います。ふつうなら絵とか彫刻といった美術的才能が条件になるところでしょう。文学とは感受性のことだろうと思いますが、このほうがずっと範囲が広いようです。私はなにしろ田舎から出てきたばかりですから、文学とはどういうものかも知らないのですが、感じとしては自分はそれはできそうだという気がした。そんなわけで自分のもっているものと気がついたことに、その答えはピッタリしたと私は感じたのです。

いまでも私は、あのとき「絵」といわれなくてよかったと思っています。絵と実物とは違うということを知ってきたからです。ですから私は、設計をするのにパースは使いません。模型でやります。材料が枋《ほう》なら同じ枋を使い、色紙とか布で作品の感じを出してゆきます。事務所でも絵は自分の心をまどわす、描きながら自分の心が迷うからいけないとよくいっているのです。模型にしても模型としてよくすることは一切いけない、わるくしろ、わるいサイドだけを出すようにしたら必ずいいところが残るといっています。

話が後先になりましたが、そういうことでようやく転科が許されました。しかし当時のことですから建築科といってもまだほとんどたいした実験室もない。いまから考えたら、卒業生は自分で勉強したようなものです。もっとも先生がたはえらかったですよ。佐藤功一、岡田信一郎、伊東忠太、内藤多仲、今和次郎、こういった先生です。

そのなかでも精神的な面で私に一番影響が強かったのは今和次郎さんでした。今さんを中心に毎晩何人か集まり、本を読み、研究会をひらいてディスカッションをした。その人間的接触からくる思想面への影響では、私は一生の間、どのくらい得をしたかわからないと感謝しています。当時の思想というと、いわゆる大正デモクラシーの激動期でなんといってもヒューマニズムが中心思想として影響しました。ちょうど白樺派の盛んなころです。

その点、安部さんの影響も大きかった。安部さんという人はあれだけ穏健な思想をもっていながら刑事がついてまわっていたような時代でしたが、先生にはイリーのエコノミックスか何かを原書で英語の勉強をかねて教えてもらいました。夏の教室はうだるような暑さでした。先生はイギリスに留学されたためか、自分は冬服（夏冬を通して）の三つボタンをキチッとシメて学生に向かって、諸君、上衣をぬぎ給え、他人の邪魔にならぬように扇を使ってよろしいといって、独特の口調で講義を進められる姿を見て、なるほどこういう先生がいるから、大学とはえらいものだなと感じたものです。いまでも私には、いわゆる安部さんの影響は強く残っています。ですからああいう先生に会うと、一生幸福だとよく考えるのです。

これらは思想的な方面ですが、建築造形という点ではわれわれの学生当時一番参考にしたのはセセッション、とくにドイツのセセッションでした。ただ先生がたは自分自身の考えはともかく、様式のものをやっておけ、と口を酸っぱくしていわれた。セセッションなど新しいものをやったのでは、世の中へ出てからお前たちのタメにはならんぞ……と。実際に建つものは、ほとんど様式建築だった時代です。あとの話になるが、渡辺節先生などもセセッションは絶対にやらしてくれない。それじゃ建築として売れないということで、一切いかんというわけです。

しかし私は学生時代はセセッション以外にはなにもやらなかったので、先生がたが往生していました。反抗期だったわけですね。かといって当時のごくふつうの学生で、現在を想像されるようなものは何一つありませんでした。ただ自分の口からいうのもおかしいけれど、私にたいする一つの評価は、友人のあいだにあったと思います。またデザインの点数も大体よかった。卒業制作の成績も、かなりよいほうでしたし……。

私の卒業制作は、マシーンショップというテーマでした。大体学生時代というものはみな何かあるとえらそうなことをいうが、卒業制作になると結局ヤレ図書館だヤレ劇場だと様式ののをやるわけです。それが私のはマシーンショップだった。その設定は、河があってそこから掘割をひき、堀に面して機械の店がある。堀から舟で機械を運んで、クレーンで吊り上げて店に入れる。その裏側に倉庫があるというものでした。あとから内藤先生がみて、あのころこれをよくやったねといわれたと聞いています。ですから、いくらかは私も変わっていたということかもしれません。またセセッションに傾倒することから派生的に合理主義思想が植えつけられていた、ということにもなるだろうと思います。

二　渡辺節事務所時代をかえりみて

私は早稲田を卒業するころ、いったんは東京大林組に就職が決まっていたのですが、福岡の親父が大変な見幕だったのです。私は長男だったものですから、もともと兵隊が終われば在郷軍人にでもなって家を継いでくれるのが父の望みだった。なるたけ手もとにおきたいのに、ようやく学校を出るとまた東京にとどまる……ということで怒ったわけです。そうしたときにたまたま渡辺先生が学校へこられ、徳永先生から私のことをきいて、それはぜひおれのところへ来てくれということになりました。大阪だといくらかでも九州に近いから、親父もやれやれということで大阪行きが決まった。それから足かけ十五年ほど渡辺事務所にいることになります。あの先生のこと、私はあんなに本当の近代建築の行き方を実際の現実的なことについて考えた人は、あの当時のあの年輩の人ではほかにいないだろうと思うのです。大きくいえば、今日の新しい建築の実際の仕事の仕方、ものの考え方、そして金の問題、経営の問題の開拓者だといっていいと思います。

それを一つ一つあげてゆけばきりはないけれど、簡単なことを一ついえば、第一、施工に非常に詳しく、非常に進歩的だったのです。たとえばプラスターをはじめてアメリカから輸入したのも、その言葉を使いはじめたのも先生。それを日本でつくらせて、生石灰から何カ月もかけてふかしてやっていたそれまでの方法にたいして、四十日ぐらいに工期を短縮させたものです。また寸法については非常にやかましかった。これはどこから出たかというと、あの人が鉄道にいたからなのです。その当時の寸法などはノンキなものでしたが、それをキチッと標準化して、そのとおりにしかやらせないわけです。

それから一番大きなことは、図面の合理化でした。その当時はスタンダードといえばみな二〇分の一なのです。それをこちらは全部五〇分の一にした。二〇分の一はほんの要所要所だけで、必要なところがあればちょっとディテールをそえてやる。窓とか階段というのはごく簡単に描いてしまう。ちゃんと標準寸法化されているから、それができるわけです。今日でいえばモデュールのことです。

はじめのうちは請負がなれていないものですから、図面がわからんという苦情が出ます。そうすると五〇分の一がわからんようなのは請負のうちに入らん、勉強してこい、とこうです。それから今度は図面をもとに請負に概算見積りをさせるのですが、こちらでも見当をつけておき、それにプラスマイナス五パーセントの幅を見こんで、上回れば罰金、下回れば褒美を出す。つまり請負の提出する見積りにたいして建築家がコストの検討をし、干渉をする。場合によっては、下請とかメーカーについての検討もできます。大請負の見積りのベテランにたいして、それをいえる建築家というのは当時はありませんでした。またその概算をさせている間に、こっちのほうは時間が稼げて、もう次の仕事にとりかかっているというぐあいです。

こういうことをなぜやるのかというと、関西の実業家の要請によるわけです。というのは関西の実業家は非常に打算的ですから、何日早ければそれでいくらもうかるとすぐ計算します。その要請に応じて、それもたんに行き当たりばったりではない、システマティックな合理化をちゃんとした見識と説得力をもってやったのです。大請負のベテランといっても、あの人には頭があがらなかったです。

本当にあの当時として、あれほどえらい人は少ないと思う。もっとも作品もそれだけこしらえましたが、いま考えてもそれぞれそのころの大建築です。ただし様式――それも主として、イタリア・ルネサンスがアメリカではやった、あのスタイル――のものしかやらなかったのですが。とにかく私の建築家としての基礎は、なんといっても渡辺先生のところの経験でつくられたと思っています。寸法にたいするきびしさ、経済上の問題、経営の仕方、それから様式的な建築。様式というのは様式そのものではなく、陰影だとか線とか面にたいする一つの感覚。そういったものだと思います。そのようなものの見方、考え方が、いまの私の基本になっているのです。

その渡辺事務所をやめたのはどうしてかというと、これは別に野心があったわけでもなんでもなく、結局は時代の変化の自然な結果なのです。十五年もいますといろいろな社会情勢がだんだんに変わり、それにつれて建築にたいする世の中の要請も変わってきます。様式的なものではこなせない条件が出てくる。そこで私は長いあいだいるうちに上の人がしだいにやめて責任ある立場にいただけに、非常に困った立場になってきた。先生の方針と世の中の要請とにはさまれて、ジレンマを感じはじめたわけですね。

と同時にもう一九二二年頃になってくると、こちらもそろそろ世界的な影響を受けてきます。バウハウスとかコルビュジエが盛んにいわれ出したころですからね。それにもともと自分も、学生時代はそれに近いことをやっていたわけですから。

その二つで、おれはもうこのあたりで、ここの生命は終わりだな、このままでは先生にもいけない、自分にもマイナスになる。おれはもうここにはいないほうがよい……と悩んだあげく、非常に恩顧を受けた先生ですが、どうしても事務所を出ることになったのです。昭和十年頃、四十歳のときでした。

三　もののハシバシをおさえる

自立第一作が、例の森五商店です。いまの近三ビルです。あれはやはり、非常に新しいものでもなんでもなく、若いときの考え方とともに様式をやったということがかなり入っていると思います。どこが様式かというと、色もそうだし窓もそうではないか。一番わかりやすいところは、庇でしょう。

私は様式というものは、高揚する感情をおさえて一つの方針に織りこんで整理をすることのような気がします。ものを殺してころしてつくってゆくことですね。ころすという言葉は日本人には通じると思いますが、その点で一番の問題は窓です。

森五の窓が浅いということで当時相当な評判をいただきましたが、反対にこういうこともあります。そのころは、窓を深くするということのほうがむしろ大変だったのです。しかしエレベーションをこしらえるために、わざわざ窓を深くしていた。

私は渡辺先生のところにいるとき、アメリカへ一度行っています。当時はイタリア・ルネサンスの全盛期で、マッキム・ミード・アンド・ホワイトの事務所——いまのSOMみたいなものですから、そこでやった建物をいろいろ見てきました。すると、主だった建物がほとんどそうなのですが、何十階という高い建物、そして石を使った様式建築でありながら窓は深くないのです。それをみて、ああ窓を深くするということはいかんな、と思いました。なぜかというと、わりあい大きな建物で単純な形のものが窓を深くすると、パースにしてエレベーションをこわす。ことに何十階もある建物が、狭い通りにたいして窓を深くするとこれはもう圧倒的で、非常にわるいと思ったのです。で、そのころから窓は浅くということを考えていました。

森五をやる前にヨーロッパへ行ったときにも、ほとんど窓ばかり見てきました。するとやはり浅いわけです。それで帰ってきて佐藤先生に窓を見てきたと申しましたら、ああ君はいいものを見てきたね、といわれたことを覚えています。

そんなことで私は、窓には非常に気をつかいます。ただ窓というより、窓と壁との境界ですね。それから壁。条件にもよりますが、私は壁と窓に注意したら、それはアーキテクチュアだといえるように思っています。

これはよくいう話ですが、江戸前のおしゃれでは裏を見るということをいう。それから半衿、そして下駄ですね。これを大切にしている女の人は、おしゃれがうまい人です。これさえうまくゆけば、途中は放っておいてもできます。表には木綿を使っても、裏には絹を使う。これは江戸前のおしゃれのコツです。

それはつまり、建築の微に入り細にわたっての考え方に通じるわけです。人の気のつかないところに注意するということですね。私は事務所でよく、始まりと終わりに気をつけろといっています。たとえば壁面の一番終わりと窓の始まり。それが境界ということですが、そこに気をつけろ。それからスカイラインに気をつけろ、と。そういうハシバシに気をつければ、途中は放っておいてもできるということです。

ですから私は、全体の格好というのはたいして気にしていません。プロポーションをとったり何かするということは、学生でもやれる。しかし本当に自分が建物全体をつねに感じるということは、簡単ではないとよくいっています。つまり、壁面のテクスチュアとか窓と壁の関係、ディテールといったもの。われわれが建物に近づいてみるところ、実際に感触するところはそこだ。これは簡単にはできない、ということです。

大体われわれが建物を近くでみる範囲というものには、目の角度というものがあるわけで、全体の格好などはたいした問題ではないではないか。それを問題にするのは、なにかルネサンスの広場で、記念建造物を見るみたいにする考えに通じると思う。近代建築のばあい、われわれがまちを歩いていて感じる範囲内では、それはそう根本的な問題ではないような気がします。

ですから自分としては人間のスケールで感触する範囲というものを大体設定して、それからぐっと近づいたり、違ざかったりしたばあいの感触も考えに入れて発想します。それに材料の選択とか組み立て方。これはやかましくいう。それから色。色も任せません。そうすると結局、造形の関係というものはできあがるまで気を許すことはできない、ということになります。微に入り細にわたって、ハシバシをおさえる。そうすると建物は自然にできあがる……こういう考え方には、だいぶ反論もあると思いますが、私はやはり、そのところを大切にしたい。というのも結局、私は人間の心にちゃんとかようようなものが建築には欲しいと思うからなのです。

四　職人ということ

そうはいいますが、私は建築というものがじつはよくわからない。本当の話、いまもってわかっているとはいえないのです。

私どもの建築という概念は、歴史とか伝統、教養、ことに職業意識で規定されています。たとえば機能的であるとか構造的であるとか、それらを統一する建築的能力、および思想といったこと。これは近代建築の合い言葉ですね。しかし私はそれではどうも建築というものがつかみきれないのではないか、という気がしてきたのです。これは十九世紀的というか、少なくとも一九二〇～三〇年以降には通じない、それ以前の言葉のような気がする。

なぜかといいますと、このいい表わし方のなかには社会的なものはなにもない。あるのかもしれないが、強調されてはいない。グロピウスとかミースがこういい始めた時代ならそれでよかったかもしれませんが、二十世紀後半の今日以降は、社会という要素抜きでは正しくいい表わせないのではないか……。

こんなふうな疑問をもって、長いこと私は雲をつかむような模索を続けてきたわけです。そこでちょっと飛躍をして結果だけを申しますと、建築家というのはいったい、いつごろから建築家になったのか、それが一つ疑問だと思う。私は建築家とは職人だ、と思っているのです。

それについては日本での architect の翻訳語の植えつけが、そもそもまちがっていたのではないでしょうか。芸術家という言葉にしても同じことです。西洋の建築家をみると、みな職人のようにみえるでしょう。芸術家一般にそうなのです。それが日本では、何かほかの非常に高邁なものと混同されているのではないか。しかし西洋で建築家というのは、もとはといえば石屋なのです。石屋が一番数学的にもすぐれているから、ほかの人の上にたってものを組み立てる力をもつようになった。

芸術家の方々ともときどきそういう話をします。おれは芸術家ではなく職人だよと。もちろん職人にもいろいろあります。手の職人と頭脳の職人と……。建築家とは頭脳の職人であるのかもしれませんが、とにかく職人だ、という気が私はしています。

それでいうと、デザインという言葉が少しおかしい。さきのハシバシというようなことも、これはデザインなどというものではない、やはり職人です。職人の微に入り細にわたっての一つの芸です。

といってもそれは、いわゆる名人芸というのともまたちょっと違います。私のいう職人とは、そのような芸に堪能になること、また堪能になるための努力の仕方です。あとは、そうした職人たちの集まる、その集まりかたですね。ですから私は建築家とふつうにいわれている人と、なにか少しおれは違うのじゃないか、という実感をもっているわけです。

こんなふうに建築がわからん、と気がついたのは戦争のときからです。

五 土地と生産手段と労働と……建築について

どこがわからないのかというと、少なくとも建築というものはものができた結果であることはまちがいない。しかし結果であるからには、原因があるわけでしょう。そのところがどうしてもわからない。そこでとりとめもないことをいうと笑われそうですが、われわれが、または私が理解しているような建築には、もっと前提があり、建築以前にも建築がありうるのではないか、それは何か、それがあってはじめてわれわれが建築と考えているものが建築になりうるのではないか……というようなことを考えはじめました。その結果、十分とはいえないにしろ私なりに到達した考えというものがあります。

それはなにかというと、一つに土地、二番目に生産手段、三つ目には労働、この三つのファクターが結びついたものが建築だ、ということです。

建築は、いうまでもなく土地の上にたつ。土地がないと、建築はできはしません。ですから、この土地というものには、あらゆる自然的・社会的環境の諸条件が内在し、また表現されていると考えます。

私はこれを仮に地の相、つまり地相と呼んでいます。地上の構築物——あえて建築とはいいません——が建築となるのは、この地相の現象形態と考えることはできないでしょうか。

次に生産手段。これはまず原料および補助原料です。この原料には自然材料もあれば一次製品、二次製品もある。それらにはすでに人間労働が加わっているわけです。さらに原料から建材として製品化されたもの。それらを作る機械、組み立てる機械類——要するに建築という結果ができるまでの過程のすべてがこれに含まれます。

三番目に労働。生産手段に労働が加わると、結果すなわち価値形態ができてくる。ですから私は、これに建築家も含めて考えているわけです。

この三つは、いってみれば一般の商品生産に共通する条件でもあります。しかし特別な場合もありますから建築には注文生産の一品生産品という特殊性があり、これには第一の条件が決定的に作用する。建築の首ねっこをつかまえた状態にもってゆくとすれば、この土地だということです。土地というものは経済原論のとっぱなにも出てくるように、破壊することのできない用役をもっている。その上にものが、生産手段によってつくられる。それは労働によるものがおかれる……この三つはどうしても切り離せないと思う。そしてこのなかには否定することのできない社会というものが、土地、生産手段、労働それぞれに織りこまれてきている。こう考えないと、二十世紀後半の建築というものは、どうしても説明できないような要素があるように思うのです。またこれらのなかで、原質的でないものは二番目の生産手段だけです。ですから、これに一番バラエティーもあれば問題も多い。

ところでこのような三つの条件が作用して、建築という一つの結果ができる。しかしそれはじつはまだ建築ではなく、つまりものとしての生産であると考えたい。それが建築であるかどうかということは、社会的に再評価をうけることによって改めて決まる。この再評価ということになるといろいろ問題がでてくる。もちろんものとしての生産にも、いまいったように社会的要素はあります。しかしそのできた結果が、社会的に機能するものでなくてはならない。建築とは、ここから始まると思います。というのは、社会的に機能する以外に建築はありえない。それ以外の建築は、建築と称しえないもの、たとえばたんなる建造物あるいは記念建造物になると考えるからです。

建築が社会的に機能するということは、それが「消費」されるからです。この消費にも必ず「人間労働」が参加するわけです。いいかえれば生産手段は労働の参加で価値をつくり、同じく労働の参加で消費されて価値を実現する。つまりは消費のための人間労働の参加に寄与することで、はじめて建築が建築になる……。さきの第三の条件の労働には、こうした人間労働も包含されるでしょう。

こう考えて、私はどうやら建築を理解する糸口がつかめてきたように思っているところです。

このような考え方を都市計画に延長してみると……もっとも私は、これについてはなにも知識はない。ただ夢のような考えとしていえば、エベニーザー・ハワードの田園都市が一番好きなのですね。ただ計画するということは、私はまったく重視していない。自然発生的になんでも通していったらよろしい、と思っている。もちろん野放しではなく、ある程度の規制と整理は必要ですが。

自然発生的な都市のいい例がニューヨークです。もっとも将来の計画はあるそうですが、あいうふうにダウンタウンからアップタウンのほうへどんどんのびてゆくと、自然にダウンタウンの価値が落ちますすね。そのとき自然に整理すればよい、という考えです。はじめから規定して、ここは住宅地、ここは官庁街、高速道路……などと計画することは、私は疑問だと思います。東京の高速道路なども私にはよくわかりませんが、なにもああはしなくてもよかったのではないか、あのようなかたちではたしていいものだろうかと思っています。

もう一つ自分の考えをいってしまえば、私は高い建物もどうかと思うのです。低いと平面的に広くなる。そのほうがよいと思う。建物を高くするということは、私のいう地相を過度にすることで、土地に限度をこえた負担をかけ、その結果地相を破壊する。たとえば建物を高くして空地をよけいにとり、それが駐車場に利用されたからといって、われわれの生活にどれだけプラスするか。私からいわせれば、そういう社会は決して良くならぬ。そうでない社会のほうが好きだということになるわけです。

六　デザイナー無用の論

それでいうと私はそうとう先走った考えですが、デザインするということはいずれ本筋からおしやられて、なにか別のものになる可能性があると思っているのです。というのは、たとえば生産手段に労働の加わり方がだんだん高度化されてきますね。ことに資本主義社会ではそれがエスカレートされると思うが、生産手段そのものが進歩すれば、それに加わる人間労働もまた、労働の質的変化を被ります。そしてつまりは素人でもできるような状態になってくる。特別に建築家を通じて、いわゆるデザインのようなものをしてもらわなくても、だれにでもできるような社会になってくると思うからです。またそういう状態にしなくてはならないと考えています。

もちろんそれがすべてではなく、なかには特別のデザインを要するものも残るでしょう。たとえば政治目的とか宣伝目的など、特殊な機能が要求されるものです。しかしそれはあくまでもなにか別のものであって、われわれがしなくてはならないものとは少し縁が違うような気がしているのです。

これは例として適当かどうかは知りませんが、たとえば民家の良さにしても、あれはいわゆるデザインをしたものかどうか。建築家のような特別な人間がとくにデザイン的な工夫を加えたものかどうか、といえば、どうもそうではない。素人でも百姓でも皆が寄ってきて、何百年もかかってだんだんと積み重ねていって、はじめてあのような良さが出てきたのではないか、あれが建築というものではないかと思うのです。そしてそれ以外に、城をこしらえたり、寺をたてたりすることは、なにか別のものだ……と。

つまり、われわれ大多数の生活から考えてみますと、われわれが喜んで労働し、喜んで生殖するという本能。それに匹敵するものがなにかあるかというと、案外少ないのではないかと思う。そうしたわれわれの生活にとって一番必要なものをアレンジすることだけが、建築家の任務ではないか。それと特別なデザインを要するものの二つを一緒にして、建築とはなにかということを詮索しても、なかなか本質はつかめません。これは、はっきり分けて考えなくてはならない問題ではないか、と思うのです。

そうすると、やはり本当の建築とはだれにでもその良さがわかって楽しめるもの。そのかわりだれにでもできるものだ、ということになるのではないでしょうか。社会がいまよりもずっと高度化したらそうなる。そのような社会では、一人一人の人間が、いまよりもはるかに高度化された有能な労働力として、デザイン分野の幅も縮められるのではないか。そうした方向への高度化でなくてはならない、ということです。

これは私がドイツ文化研究所をやっていたときに実感したことですが、こちらは専門家としていろいろデザイン的な工夫をこらしている。そこへドイツの大使がやってきて、ここはこうしたらどうかなどと意見を出すわけです。もちろん素人なのですが、それが意外にこちらの盲点をついていたりします。たしかに当時のドイツは日本よりも高い文化をもつ社会だった。そういう社会の素人のごくふつうの感覚が、低い次元の社会の専門家よりも、一枚上だということがある。民家がそうである。普請をたくさんやった人もそうである。

ですから低い次元ならいわゆるデザインということもありうるが、生産手段も人間労働もより高度化された社会では、そんなことはだれにでも自然にできてしまう。われわれが労働の歓喜を味わい、生殖を楽しんでゆくのと同じ、ごくふつうのこととなる。つまり、デザインのいらない時代になりうる。また、こう考えないと、デザインというものがあまりにも特別なものになりすぎるのですが、これが建築文化社会であって、デザインを多く要するのは「文明」社会であると思います。この文明的デザインのうち、どれだけが文化形態として残るでしょうか。

このように考えてきてどうやら自分のやるべきなのは、どっちの方向かということが少しずつわかってきたようです。結局私がハシバシに気をつけるとかどうとかいうのは、人間にたいする感じをよくするという意味で、われわれが気持ちよく生きてゆくということに尽きるわけですから。

七　つくることは労働

ところで建築家を第三の要素の労働に入れることについては、皆さん、そうとう異議をもたれ、反論もとなえられることと思います。それでは建築家としてのパーソナリティとか、創造力の問題はどこに含まれるのか、それは頭脳労働、精神労働として別のファクターになるのではないかと。

しかし私は、それを別にしないほうがいいと思う。それがいぜんとしてデザインなのです。建築家も、やはり労働者です。私は建築家が頭脳労働を、一般の労働者とはなにか違ったものだと思いこむことはまちがいだと思っています。ルフェーヴルをひきあいに出すわけではないが、彼は芸術の創造活動もやはり労働としてつかまえるべきだといっています。精神労働と肉体労働とを同じく労働としてとらえ、ただそれが高度に洗練されていった頂点のところに芸術労働がある……と。私、これは本当だと思います。

建築における頭脳労働、精神労働を、もうちょっと立ちいって考えますと、平面計画とか機能の分析といった純然たる頭脳労働がある。これは、より高度化された社会になれば、生産手段のなかに入ってくるでしょう。そうした社会でより高度化された人は、そんなことは別に工夫をこらさずともそのとおりになってしまうと思うからです。

パーソナリティとか創造の問題。これは私ははっきりと、三番目の労働に入れたいのです。建築家のパーソナリティがその作品ににじみ出てくるのは、これはもう自然現象のようなものでやむをえないと思う。建築家も労働者としてそれに参加しているのですから……。創造の問題にしても同様です。建築家の設計という仕事も、すべて原料の鉄をつくったり、石をたたきコンクリートを流しこむ、それらと同じところにつながっていると私は思っているのです。

しかしここで私の論旨は、一つの矛盾につきあたります。建築家の個性がつきまとっているあいだは、まだ私のいう本当の建築ではない。建築は社会に出て再評価を受けてからはじめて建築になる、と申しましたが、それはいいかえれば、その再評価を受けた瞬間から建築家を離れてゆく。つまり個人から離れて客観性をもってくるということです。つまり、より社会的になるということは、より純粋に客観的になること。個性から離れない限りは、社会的にならないわけです。私がデザインにたいして疑問をもつのは、どうしてもそこに個性がつきまとってくるからです。繰り返しいうとおり、社会がもっと高度化されて、だれにでもできる状態になれば、こういう問題も解消されてくるでしょうが……。

八　矛盾を原動力として

このように私は自分の考えるところをのべてまいりましたが、しかしお前の実際の仕事は、こういった主張とはウラハラではないかと反論されれば、そのとおりだと申し上げるほかはありません。そこに私の大きな矛盾があるわけです。

ですから自分自身反省もし、悩んでいろいろ考えてもきたわけです。しかし矛盾ということは、それを自分の力で解決することにより、自分を高める原動力となるものと思います。矛盾とはものごとを進める一番大切なファクターだと思っています。社会はそれが進歩の過程にあれば、必ず矛盾をはらんでいるものです。資本家的社会の原動力――自転の原動力でありいわゆる弁証法の原点のようなものではないかと考えます。

たとえば、生産手段と労働の組み合わせ。これにも当然、大きな矛盾が含まれています。私見をのべますと、その二つの条件の組み合わせは、どちらかを横軸としどちらかを縦軸として、一定量を生産すると仮定しましょう。するとその一方の軸が変化すれば、他方の軸も変化します。そのとき、同じ面積の変化の軌跡は、サイン・カーブをつくるでしょう。もっとも数学のことはよくわからないのですが、このサイン・カーブを水平軸に転移すれば、いわゆる単一弦運動となります。これは機械のほうでいうところの、仕事中は遅く、仕事を終えれば早く、もとの位置にかえって再び仕事のために始動する、それと同様で、この緩急が高度化の行程になり、ますます生産手段の生産も消費も大量化し、放任すればその速度をはやめるすなわちエスカレートするでしょう。そこへいわゆる、労働の流動性が加わるようにもなる。

ところがこのような労働と生産手段の組み合わせが、人間のために幸福を約束するとは限らないでしょうし、そのことに関してはいろいろの説もあることで、これについてはまた私などがあれこれあげつらう資格も、学殖も正直なところありません。しかし私としては、現代のような専門分化、細分化、そして矛盾の拡大による闘争――そういったものはすべて過渡期の現象である、と考えたいのです。成熟した生産条件をもち、人間労働が高度に有能化された社会に到達するまでの……。

　私どもは、あまりに形而上的に教育されてきたようです。そのため形而上的なものから形而下的なものへの移行につれて、いろいろ矛盾を感じて今日にいたり、いまもって暗中模索の状態にあるわけです。いくら⊠瓦を、鉄を打ちくだいても、これが建築だという答えが出ない。そこで形而下的なものから止揚して、じかにものの、そして心を観照し——私は信仰者でもなく、おまけにやや大仰ないい方ですが——神に通じる、あるいは人間に通じるものを探し求めること以外に何があるだろうか、と考えあぐねているところです。私自身の迷いのようなことに終始しましたが、大方のご教示をいただければ幸いです。

和風建築について

新聞雑誌を続けて読むというようなことはほとんどない。政治や社会面を先に読み、小説のほうはあとまわしにして飛び飛びに読むので、なおさら興味が薄くなって読まないことになる。しかし、今度はちがう。井上先生に序文を書いていただいたこともあって、毎日新聞に連載されている「流沙」は、はじめからかかさず読んでいる。続きものだから読んでゆくうちに、だんだん興味が湧いて、この次はどうなるだろうかと思い、あすの新聞が楽しみで毎朝そこのところを一番先に開く。読んでみると小説がわれわれの仕事にも間接に関係があって、示唆をうけることがわかる。今頃になって、そんなことをいうのはいささか迂遠な話だが、しかし、いくら迂遠でもわかった方がいいと思う。すでに読んでいる人も多いことだし、蛇足になるかもしれないが、愛に関する問題を深く掘り下げながら書き続けておられるように思い注意して拝読している。これでおしまいかと思っていると、また、その次の問題に移られる。われわれの仕事もずいぶん重労働だと思っているが、毎日むずかしい問題にとっ組んでお書きになるのは定めしご苦労のことだと、他人事ならずお察ししたくなるくらいである。この問題は今後どのように展開してゆくか、これからが楽しみである。その愛に関する一章のうちで、私流の興味を覚えたところに想像を加えてみた。文字どおり私の想像である。

　教養ある男女が結ばれて結婚する。男の方は若い考古学者で、女性の方はピアニストを志す。見たところ、個性と志向するところに共通点が欠けていることは当然だとしても、少しその点が強くて相互に理解がなさすぎるように思われる。二人はイラン砂漠のなかのシラズという町に新婚旅行に出てゆく。シラズの数日間はともかく事なく過ぎたが、なんとなく共通のところが見出せないようで、女性の方はほかに事情もあって、パリの演奏会を聞きに行きたいといい張り、男性の方は廃墟の研究で砂漠にとどまることになって、結婚後数日にして東西別れ別れになる。しかも、女性の方はすべてをあなたにさしあげましたと告白している。普通ならせっかく結婚したのだからすこしくらい気にいらなくても我慢して努力してゆくうちに、本当の愛情に変わることもありがちのことだが、教養、個性、志向といったものが強すぎて、そのときはすべてをさしあげたつもりでも、たとえば性愛のようなものは二人をつなぐだけの力になりえなかったようにみえる。女性には、パリに分別盛りの男の友人がいて、その友人からシラズのような砂漠の町などに行かないで、パリに来てうまいものでも食べていればいいのにと忠告される。私はこのくだりを読んで、非常に興味を覚えたのである。シラズという町はイラン砂漠のなかの町であるというだけで、どのようなところであるか知らない。砂漠のなかの孤島のような町であろう。おそらくこの町が女性には淋しくて、砂漠に特有なカサカサした潤いのない風景に映り、もしかすると新婚の語らいのうちに共通するものを見出せたかもしれないのに、芸術的な個性が強いだけにそこが救いのないところのように思われたのであろう。この町はあまりにも特殊で、それだけでも精神的には狭苦しい感じになるところであったろう。そこで私は、東西別れ別れになる若い男女のことから連想して、それを私流の空想に置き替えてみた。

物理的にも、心理的にも、明らかに人間に必要な自然的条件を極限のところまで圧縮したような特殊な建築的空間は、それなりの影響を物心両面に起こさせるだろうし、またその影響力こそ、そのような限界空間を生んだ原因でもあったと思う。宗及や宗湛を相手に珍品や兵站の話をしているかぎりは、秀吉にとって二畳や一畳半は、さほど狭い空間ではないかもしれない。そこで今度は秀吉と宗易とが、この狭い空間のなかで対座したと仮想して、その結果はどうなるだろうかと思ってみた。よほど、演出をうまくやらぬことには、もしかすると、この二人は新婚の考古学者とピアニストのように東西別れ別れになるようなことになるかもしれない。そのとき、この圧縮された限界空間が人間の条件に与えるものはなんであろうかと想像してみた。

嫌いではないが、前にも書いたように最近は小説を読む機会は仕事の関係もあってほとんどない。時おり、文芸時評を読むくらいである。しかし、学生時代は白樺の全盛の頃で、有島さんのものならほとんど読んでいるので、たまには読みたいと思いながらも、ほかに事情も加わってあまり読まない。ところが愚息がいささか文筆にかかわっていて、井上先生のことは以前からよく聞かされていた。数年前の海外旅行に、旅行中の読みものとして、例の『天平の甍』を贈ってくれたのを読んで非常な感銘をうけ、どうしてこれまで読まなかったかと悔んだくらいである。まことに迂遠至極である。実は先生の作品にふれたのはこれがはじめてであった。今度の作品集にも、愚息は最初から先生に序文をお願いしようと決めていたようである。願ってもないことだが、これまで親しく謦咳に接したこともないので、日本精工の今里会長にお願いして内諾を得たうえ、正式には吉田新建築社社長が直接お目にかかってご承諾を得た。長文の玉稿を頂戴することができ、そのうえ、文意が私のことにまで及んでいることは光栄至極であり、感謝にたえない。足らざるところは、今後、努力して補いたいと思う。ご多忙にもかかわらず、直接お話を承り、またほとんどの私の主な作品をご覧になったうえ、最後に拙宅を見たいとのことで愚息夫妻がご案内したところ、私の寝室も見たいといわれたので、ありのままを御覧に入れたそうである。あとでその話を聞いて、なるほどと思った。というのは、私にもそれに似た経験があるからである。先年迎賓館赤坂離宮の改装設計のことで、建設省のお手伝いをしていた頃、いく度か外国の宮殿や迎賓館の研究に出かけたことがある。公式の見学もあれば私事の場合もあった。ところがいずれの場合でも、たとえ国からの照会があっても、寝室や化粧室、便所などといった部分は見せてもくれず、こちらから遠慮するのが普通である。しかし人間生活のもっとも自然的なところを見ないことには、本当の設計はできない。真にその国を知り、国賓を迎え遇するためには欠かせないところなので、見学には苦心した。その経験から、井上先生が私の寝室を御覧になったことは私としても満足だし、本当に村野を知ってもらったことにもなるので、よく見てくださったと思った。

作品集に井上先生の序文が付くことは、早くから『新建築』に発表されていたので、人から、あの本はいつ出るかとよく聞かれる。間もなく出るだろうと答えることにしているが、早く読みたいという人はあっても、見たいという人はほとんどなかった。

（五三、三、三〇）

洋風の設計さえ思うにまかせぬのに、和風のものとなれば、いくら余技だとしても、いささか心もとない。しかし私としてみれば用途がちがうだけで、つくるということでは区別がつきかねるように思う。それがつけめで作品集を出すことにした。多くは五十歳以降のもので、なかには若い頃のものも少しはある。

ところで用途がちがえば材料の種類もいくらかちがうことになり、材料がちがえば自然、手法にも影響するだろう。しかしどんな材料でも、使い方ひとつでどうにでも使いこなせるというわけにいかず、限度はある。そこでなんといっても大切な条件は技術、道具もいくらか変わることになるのは当然である。そんなことから建築一般として考えても、私には和洋の区別にはっきりした境界線がないように思う。もっとも、茶室まで含めば話は別である。材料と手法とは表裏一体であることはいうまでもない。

近頃は材料も不自由で、あっても手が出せないくらい値が高い。そのうえ、建築基準法なるものが変わりどおしで、手がつけられないくらいに変わる。いちいち覚えていられないので勝手にやろうと思うがそれもできない。こんなことだと、日本建築は消滅してしまうのではないかと心配である。そのくせ数寄屋だの茶室だのとブームのような風潮があるのは不思議である。やがてなくなるから、いまのうちになんとかしておこうというのかもしれない。今頃、純日本建築など一部のところや余裕のある数寄者は別として、実際にはやれないのが実情のようである。いつまでも高価な天然の材料を当てにしていては設計ができないし、そんなことに未練がましい設計もどうかと思い、むしろ進んで新しい材料を使うようになり、やがては手当たり次第有り合わせのものを使って日本風のものを建てることになった。そうなれば古風なものにこだわってばかりいられない。私流にいえば和風である。それがまた、さらに自由な考え方につながり、しまいには日本風という範疇を広げ、それを乗り越えることになるので、一面、危険を伴う心配もある。そこで自由になればなるほど、温故知新の腕のいい職方が必要であり、作の良否は、かかって職方の腕一本に依存するといいたいくらいである。しかし依存しすぎると今度は、設計はしても、建築家が演出家のようになるので、そうはなりたくないものである。道具は使わないまでも、直接仕事をするところまで勉強しないとマンネリズムになって口頭の建築家になるので、警戒を要するのはその点である。ともあれ職方と呼吸の合うところまでは勉強したいものである。

時おり、私の仕事を村野数寄屋と呼ぶ人がある。とんでもないことで、私にそんなものができるはずがない。依頼者あっての設計であるから、勝手にできるわけがない。依頼者の意向に添うことは当然であるが、しかし先方の意向に添い、また十分話し合いができて納得ずくで設計しても、村野に頼んだ以上最後の一パーセントは村野が残る。その一パーセントが、ときとして全体に影響を及ぼすかもしれないので、いくら慎重であっても慎重すぎるということはないと思う。それを、はじから村野の設計だと思い込むことには危険が伴うのでそこは謙虚でありたいものである。

若い頃、借家の家主に泉岡宗助という人がいた。後に私の事務所の地所を譲ってくださった人であるが、豪邸に住んでおられた。文字どおり優れた趣味の高い、いかにも関西の富豪にふさわしい建物で、どうにかして私もあんな建物を設計したいと思うくらい立派な屋敷であったが、惜しいかな戦後は料理屋になり、いまは見る影もないものになってしまった。残念至極でいまさらのごとく移り行く世のはかなさを感ずる。泉岡さんには自分の屋敷付近に広い地所があった。上町台地の高級住宅地として有名で、その付近一帯を常盤通りと呼んで、いまでもローマ字で彫り込んだ石柱が建っているくらいである。それほどの人だから、まわりにたくさんの貸家があった。すべて自作自演のものばかりだから貸家といっても泉岡さんの貸家は一種の風格があった。元来、大阪の富豪といわれるほどの人は、趣味で自分の家ぐらい建てることは普通で、建物にたいする目が高く、趣味も良かった。泉岡さんは自宅に多勢の大工を雇って貸家の普請をしたり、頼まれれば趣味で友人の別荘や茶室の設計もした。また自分で日本建築の現寸もひいた。実際に私は見たことがあるがたいした腕前である。近鉄沿線の斑鳩の里にある自分の地所に設計した百楽荘は泉岡さんの傑作として有名である。それくらいの人だから和洋の趣味にも通じ、大阪では有名な通人として聞こえていた。近くに住んでいたので時おりうかがってはお話を聞いたものである。ある日、その百楽荘に招かれて、女中がすすめるまま床の間の前に座った。食後になって、泉岡さんから床に松花堂がかかっていることを注意された。そのときのことを思うといまでも冷汗が出る。若い建築家のことを考えての注意であったことはもちろんである。

私は日本建築について特別に学んだことはない。学校で教わった程度である。すべて見よう見まねで覚えたようなもので、関西に住みついて、ほんものの日本建築を見る機会に恵まれたこと、優れた茶方の宗匠や棟梁たちの仕事を見たことも幸いであったが、私にいくらか日本建築について、もし私流という言葉を許していただけるなら、自己流の道を模索する糸口のようなものを与えてくれたのは泉岡さんではなかったかと思う。次に泉岡語録の二、三を紹介しよう。

一、玄関を大きくするな。門戸を張るな。
一、外からは小さく低く、内にはいるほど広く、高くすること。
一、天井の高さは七尺五寸を限度と思え、それ以上は料理屋か、功成り名とげた人の表現になるので普通でない。
一、柱の太さは三寸角、それ以上になると面取りで加減したり、ごひら（長方形）にする。
一、窓の高さは二尺四寸、風炉先屏風の高さが標準。
一、縁側の柱は一間まに建て、桁に無理させぬこと、これで十分日本風になるはずである。
一、人の目につかぬところ、人に気付かれぬところほど仕事を大切にして金をかけること。
一、腕の良さを見せようとするな、技を殺せ。

まだあるがざっとこの程度である。伝統的で関西風な薄味のする考え方ではあるが、控えめなところがあり、なんでも表わそう、訴えようとするのとは味が違う。けだし日本建築の真髄にふれた言葉ではないかと思う。泉岡流の手法は真似られても、作の品格にいたっては生活の良さと趣味の高い人だけが持っているものでいかんともいたしがたい。

戦時中は設計の機会がしだいに減っていった。これは建築家にとって致命的な打撃であった。この空虚や、寂しさを癒すのにはお茶をやることでいくらか慰められると思って始めることにした。五十歳を過ぎての芸事である。習う方でもまず、師匠のことが気になった。そこで例の泉岡さんに相談したところ三好に聞けといわれた。三好氏というのは指物師で茶道具の名人として知られ、また茶人でもあった。村野さん、お茶をはじめるのはよいが、あなたがお茶が嫌になるのを待っていますといわれた。それは何を意味しているのか私にも解せなかった。有名な通人のことだから、おおよそ、芸と名のつく社会にありがちな風習に耐えられるか、また村野はそれをどう思うだろうかという懸念からではなかったかと思う。その後、鋳金家の大国寿郎氏に伴われて三好氏を職場に訪ねた。大国氏は釜造りの大名人、大国柏斎の長男である。柏斎はいわゆる浪速の御民といったところがあり、三好氏も同様富貴に屈せぬ芸術家肌の気骨があった。さて三好氏は私の顔をちらっと見ただけでひと言もいわなかったが、その目は鋭く美しかったのが印象に残っている。結局、愈好斎千宗守がいいだろうということになり、官休庵についてお茶の手ほどきをうけることになった。大国氏はお茶をはじめるのに特別の道具はいりません、百貨店で売っている安物で結構ですといわれたが、これはいまもって本当のことを教えてもらったと思う。まさにそのとおりである。愈好斎はその頃インテリ茶人宗匠として令名があり、文化人や建築家にも門人があった。前新建築社社長吉岡保五郎氏も同門であった。入門してから型のごとく、ふくささばきからはじめて薄茶の平点前を教わるようになったが、以後いつまでたっても平点前ばかりで、そのほかのことは教えてもらえなかった。宗匠の方でもそれでいいんだといわぬばかりで、相変わらず平点前であった。そのうち茶会に招かれることもいく度かあった。広間の場合もあれば小間もあった。場数を踏まぬこともあってか、茶会といういくらか型式的なものにはあまりなじめなかった。ことに社交的なパーティのような茶会には進んで行く気になれなかった。といって狭い茶室に大勢の人が膝をつき合わせて座り、型のごとく濃茶の飲みまわし、お道具拝見と順序よく、しかも、いくらか型式的で、あとから追っかけられるように道具類の鑑賞をするのもどうかと思った。どこにも美しさというものを感じなかったからである。しかし、ときにはそんな茶会ばかりではなく、茶室の広さ相応にいい合客に恵まれ、名品にお目にかかり心を洗うようなこともあった。そのうちに、こちらでも茶腕や道具類の鑑賞に興味が出てしだいに深くなる。しかしいくら深くなっても、しょせん、鑑賞は鑑賞である。智嚢を肥やして、それに満足することはあっても、それさえ容易ではない。批評家にはなれるだろうが、必ずしも作家に役立つとは限らない。鑑賞と本当に知ることとはいくらか異質のものであることに気付きはじめた。知ることは苦労すること、手塩にかけることでなければならない。そこからにじみ出てくるもの、たとえば執念を独占することでなければ本当に知ることはできない。そこからにじみ出てくるもの、たとえば執念を独占することでなければ本当に知ることはできないと思った。そこで自分も茶碗を道具を持ちたいと思うようになったものの、貧弱な一建築家の手のとどくところにはなかった。ましてや戦乱のさ中である。「二畳敷の座敷関白様に有、是は貴人か名人か、扨は一物も持たぬ侘数奇か此外平人には無用也」（千宗守著『茶道妙境』より）。まさにそのとおりで、侘数奇にはいまだし、道具らしい道具も持たぬ私ごとき遠く及ぶところではなく相変わらず平点前を続けた。そして戦禍はひろがり日ごとに大爆撃や大破壊が繰り返されていた。その頃、疎開に買い出しにと田舎に行くことが多くなった。長い戦争で手入れができないのか、屋根は傾き壁土は落ちくずれて土に還ってゆくような農家の姿が、大量破壊とはあまりにも対照的な印象で、それがまた、一層私の心をとらえた。このような田園風景は戦禍とは逆にいかにも長閑で平和の象徴のようにさえ思われ、くずれて大地に落ちた土壁は無抵抗で、たとえば安んじて天命を終えた人間の一生にもたとえられそうに思った。大地から生えたものが大地に還ってゆくようで、この姿は戦後における私の作風に影響を与えたように思う。

和風の仕事が相当の量になるので記念に出版したいと以前から考えていたものの、自信がなくて延び延びになっていた。そのことを吉田新建築社社長に話したところ、お引受いたしますといわれて勇気が出た。すべて社長任せではじまったが、いくら任せるといっても私のことだからなんだかだと注文をつけたり無理をいったので、社員諸君は定めしご苦労のことであったように思われ、深甚の謝意を表したい。しかし、いよいよまとまってみると、井上先生のような大家の序文が付いた作品集だけあって本当によかったと思う。それにつけても、私に仕事を与えてくださった人々や、むずかしい工事を請負ってくださった施工者のご苦労、また、建物の写真を実物以上に美しく撮っていただいた写真家にたいしてもお礼を申し上げたいので別に記録して記念とした。

はじめ新建築社の方では題を村野藤吾日本建築集としたい意向だったが、日本建築といったような設計ができる私ではないので、その方は和風という名前に訂正してもらった。さらに最初はなるべく廉価にして買いやすくしたいのが新建築社の計画であった。ところが出版が延び延びになったり、分量も予定以上に増したので高価になってしまった。事志と異なった結果になり社の方でも定めし不本意であろう。加えて井上先生の序文が遅れるだろうと想像していたところ、逆に私の方が遅れてしまったので出版が遅れ、これまた、私の責任で申しわけない。重ねて関係各位のご苦労を謝し、あわせて私の努力の不足をお詫び申し上げたい。

（五三、四、二〇）

初出一覧

様式の上にあれ　『日本建築協会雑誌』（大正八年五月号～八月号）

「グラス」に語る　『建築と社会』（昭和四年九月号）

建築一言／商業的一面　『早稲田建築講義録』（昭和五年、No.8）

建築の経済問題　『早稲田建築講義録』（昭和五年）

動きつつ見る　『建築と社会』（昭和六年一月号）

商業価値の限界　『建築と社会』（昭和六年七月号）

日本における折衷主義建築の功禍　『建築と社会』（昭和八年六月号）

木とファンタジー　『建築と社会』（昭和九年三月号）

ディテールについて　『ディテール』（昭和四十九年四月号）

建築家十話　『毎日新聞』（昭和三十九年三月二十一、二十二、二十四、二十六～二十九、三十一、四月一、二日）

わたくしの建築観　『建築年鑑』（昭和四十年十二月刊　宮内嘉久編集事務所　美術出版社）

和風建築について　『村野藤吾和風建築集』（昭和五十三年五月刊　新建築社）

［著者］

村野藤吾（むらの・とうご）

明治二四年　五月一五日佐賀県唐津に生まれる
大正　七年　早稲田大学理工科建築学科卒業
　　　　　　渡辺節建築事務所に入所
昭和　四年　村野建築事務所開設
昭和二四年　村野、森建築事務所と改称
昭和二九年、三一年、四〇年　日本建築学会賞受賞
昭和三〇年　日本芸術院会員
昭和三七年　日本建築家協会会長に就任
昭和三八年　イギリス王立建築家協会名誉会員
昭和四二年　文化勲章受章
昭和四五年　アメリカ建築家協会名誉会員
昭和四七年　日本建築学会建築大賞受賞
昭和五二年　毎日芸術賞受賞
昭和五九年　一一月二六日没、享年九三歳

SD選書250
様式の上にあれ　村野藤吾著作選

二〇〇八年一〇月二〇日　第一刷発行
二〇二四年　六月一〇日　第二刷発行

著者　村野藤吾《むらのとうご》
発行者　新妻　充
発行所　鹿島出版会
〒一〇四―〇〇六一　東京都中央区銀座六―一七―一
銀座6丁目-SQUARE　七階
電話〇三（六二六四）二三〇一
振替〇〇一六〇―二―一八〇八八三
製作　南風舎
印刷・製本　三美印刷

ISBN 978-4-306-05250-5 C1352

本書の内容に関するご意見・ご感想は左記までお寄せください。
URL: https://www.kajima-publishing.co.jp e-mail: info@kajima-publishing.co.jp

村野藤吾著作集 全一巻

第一章 建築を語る (1)

様式の上にあれ
無目的なる現代建築様式の煩悶とその解釈
俺の作物よ!!
米国における貸金庫見聞記
いわゆる大谷石の庇に対する私の見方と帝国ホテルの感じ
建築の経済的環境
現代文化住宅の煩悶
「グラス」に語る
ウールウォースの凋落前後
建築一言／商業的一面
建築の経済問題
動きつつ見る
フリッツ・ヘーゲル氏の近作
商業価値の限界
チェルニホフの翻訳出版について
建築左右展望
防火か避難か——白木屋の大火に思う
日本における折衷主義建築の功禍
木とファンタジー

第二章 建築を語る (2)

建築の場合
審査
ノイトラ的・ライト的
欧米建築の変遷
ソビエト建築を語る
建築美を探る八章
色雑観
しのびよるロマンティシズム
都市雑観
人とふれあう建築
編集者への返事
数寄屋造り
ディテールについて
建築をつくること
タリアセンの印象——F・L・ライトの工房を訪ねて
建築と装飾
私の感銘をうけた本
建築教育考
社会的芸術としての建築をつくるために
自然との調和が大切
豊多摩監獄

第三章 作品を語る

設計について
志摩観光ホテル 創建の頃、前後
百貨店・丸栄——受賞雑感
聖堂の建築——受賞雑感
大阪新歌舞伎座
日生を語る
日本生命日比谷ビル——地的環境と表現
光と肌理——千代田生命本社ビルの設計について
宝塚カトリック教会
西宮トラピスチヌ修道院
湖畔の四季——箱根樹木園記
迎賓館の改修に思う
建築的遺産の継承
迎賓館赤坂離宮の改装について
迎賓館の職人たち
松寿荘の建築について

A五判　上製本　八二八ページ
定価（本体八、五〇〇円＋税）
ISBN978-4-306-04516-3 C3052

SD選書目録

四六判（＊＝品切）

001	現代デザイン入門		勝見勝著
002*	現代建築12章	L・カーン他著	山本学治訳編
003*	都市とデザイン		栗田勇著
004*	江戸と江戸城		内藤昌著
005	日本デザイン論		伊藤ていじ著
006*	ギリシア神話と壺絵		沢柳大五郎著
007	フランク・ロイド・ライト		谷川正己著
008*	きもの文化史		河鰭実英著
009	素材と造形の歴史		山本学治著
010*	今日の装飾芸術	ル・コルビュジエ著	前川国男訳
011	コミュニティとプライバシイ	C・アレグザンダー著	岡田新一訳
012*	新桂離宮論		内藤昌著
013	日本の工匠		伊藤ていじ著
014	現代絵画の解剖		木村重信著
015	ユルバニスム	ル・コルビュジエ著	樋口清訳
016*	デザインと心理学		穐山貞登著
017	私と日本建築	A・レーモンド著	三沢浩訳
018*	現代建築を創る人々		神代雄一郎編
019	芸術空間の系譜		高階秀爾著
020	日本美の特質		吉村貞司著
021	建築をめざして	ル・コルビュジエ著	吉阪隆正訳
022*	メガロポリス	J・ゴットマン著	木内信蔵訳
023	日本の庭園		田中正大著
024*	明日の演劇空間		尾崎宏次著
025	都市形成の歴史	A・コーン著	星野芳久訳
026*	近代絵画	A・オザンファン他著	吉川逸治訳
027*	イタリアの美術	A・ブラント著	中森義宗訳
028*	明日の田園都市	E・ハワード著	長素連訳
029*	移動空間論		川添登著
030*	日本の近世住宅		平井聖著
031*	新しい都市交通	B・リチャーズ著	曽根幸一他訳
032*	人間環境の未来像	W・R・イーウォルド編	磯村英一他訳
033	輝く都市	ル・コルビュジエ著	坂倉準三訳
034	アルヴァ・アアルト		武藤章著
035*	幻想の建築		坂崎乙郎著
036*	カテドラルを建てた人びと	J・ジャンペル著	飯田喜四郎訳
037	日本建築の空間		井上充夫著
038*	環境開発論		浅田孝著
039*	都市と娯楽		加藤秀俊著
040*	郊外都市論	H・カーヴァー著	志水英樹訳
041*	都市文明の源流と系譜		藤岡謙二郎著
042*	道具考		榮久庵憲司著
043	ヨーロッパの造園		岡崎文彬著
044*	未来の交通	H・ヘルマン著	岡寿麿訳
045*	古代技術	H・ディールス著	平田寛訳
046*	キュビスムへの道	D・H・カーンワイラー著	千足伸行訳
047*	近代建築再考		藤井正一郎著
048*	古代科学	J・L・ハイベルク著	平田寛訳
049	住宅論		篠原一男著
050*	ヨーロッパの住宅建築	S・カンタクシーノ著	山下和正訳
051*	都市の魅力		清水馨八郎、服部銈二郎著
052*	東照宮		大河直躬著
053	茶匠と建築		中村昌生著
054*	住居空間の人類学		石毛直道著
055*	空間の生命 人間と建築		坂崎乙郎著
056*	環境とデザイン	G・エクボ著	久保貞訳
057*	日本美の意匠		水尾比呂志著
058*	新しい都市の人間像	R・イールズ他編	木内信蔵監訳
059	京の町家		島村昇他編
060*	都市問題とは何か	R・パーノン著	片桐達夫訳
061	住まいの原型Ⅰ		泉靖一編
062*	コミュニティ計画の系譜		佐々木宏著
063*	近代建築	V・スカーリー著	長尾重武訳
064*	SD海外建築情報Ⅰ		岡田新一編
065*	SD海外建築情報Ⅱ		岡田新一編
066*	天上の館	J・サマーソン著	鈴木博之訳
067	木の文化		小原二郎著
068*	SD海外建築情報Ⅲ		岡田新一編
069*	地域・環境・計画		水谷穎介著
070*	都市虚構論		池田亮二著
071	現代建築事典	W・ペーント編	浜口隆一他日本語版監修
072*	ヴィラール・ド・オヌクールの画帖		藤本康雄著
073*	タウンスケープ	T・シャープ著	長素連他訳
074*	現代建築の源流と動向	L・ヒルベルザイマー著	渡辺明次訳
075*	部族社会の芸術家	M・W・スミス編	木村重信他訳
076	キモノ・マインド	B・ルドフスキー著	新庄哲夫訳
077	住まいの原型Ⅱ		吉阪隆正他著
078	実存・空間・建築	C・ノルベルグ＝シュルツ著	加藤邦男訳
079*	SD海外建築情報Ⅳ		岡田新一編
080*	都市の開発と保存		上田篤、鳴海邦碩編
081*	爆発するメトロポリス	W・H・ホワイトJr.他著	小島将志訳
082*	アメリカの建築とアーバニズム(上)	V・スカーリー著	香山壽夫訳
083*	アメリカの建築とアーバニズム(下)	V・スカーリー著	香山壽夫訳
084*	海上都市		菊竹清訓著
085*	アーバン・ゲーム	M・ケンツレン著	北原理雄訳
086*	建築2000	C・ジェンクス著	工藤国雄訳
087*	日本の公園		田中正大著
088*	現代芸術の冒険	O・ビハリメリン著	坂崎乙郎他訳

089* 江戸建築と本途帳 西和夫著
090* 大きな都市小さな部屋 渡辺武信著
091* イギリス建築の新傾向 R・ランダウ著 鈴木博之訳
092* SD海外建築情報V 岡田新一編
093* IDの世界 豊口協著
094* 交通圏の発見 有末武夫著
095 建築とは何か B・タウト著 篠田英雄訳
096 続住宅論 篠原一男著
097* 建築の現在 長谷川堯著
098* 都市の景観 G・カレン著 北原理雄訳
099* SD海外建築情報VI 岡田新一編
100* 都市空間と建築 U・コンラーツ著 伊藤哲夫訳
101* 環境ゲーム T・クロスビイ著 松平誠訳
102* アテネ憲章 ル・コルビュジエ著 吉阪隆正訳
103* プライド・オブ・プレイス シヴィック・トラスト著 井手久登他訳
104* 構造と空間の感覚 F・ウイルソン著 山本学治他訳
105* 現代民家と住環境体 大野勝彦著
106* 光の死 H・ゼーデルマイヤ著 森洋子訳
107* アメリカ建築の新方向 R・スターン著 鈴木 訳
108* 近代都市計画の起源 L・ベネヴォロ著 横山正訳
109* 中国の住宅 劉敦楨著 田中淡他訳
110* 現代のコートハウス D・マッキントッシュ著 北原理雄訳
111 モデュロールI ル・コルビュジエ著 吉阪隆正訳
112 モデュロールII ル・コルビュジエ著 吉阪隆正訳
113* 建築の史的原型を探る B・ゼーヴィ著 鈴木美治訳
114 西欧の芸術1 ロマネスク上 H・フォシヨン著 神沢栄三他訳
115 西欧の芸術1 ロマネスク下 H・フォシヨン著 神沢栄三他訳
116 西欧の芸術2 ゴシック上 H・フォシヨン著 神沢栄三他訳
117 西欧の芸術2 ゴシック下 H・フォシヨン著 神沢栄三他訳
118* アメリカ大都市の死と生 J・ジェイコブス著 黒川紀章訳
119* 遊び場の計画 R・ダットナー著 神谷五男他訳
120 人間の家 ル・コルビュジエ他著 西沢信弥訳
121* 街路の意味 竹山実著
122* パルテノンの建築家たち R・カーペンター著 松島道也訳
123 ライトと日本 谷川正己著
124 空間としての建築(上) B・ゼーヴィ著 栗田勇訳
125 空間としての建築(下) B・ゼーヴィ著 栗田勇訳
126 かいわい[日本の都市空間] 材野博司著
127* 歩行者革命 S・プライネス他著 岡並木監訳
128 オレゴン大学の実験 C・アレグザンダー著 宮本雅明訳
129* 都市はふるさとか F・レンツローマイス著 武基雄他訳
130* 建築空間[尺度について] P・ブドン著 中村貴志訳
131* アメリカ住宅論 V・スカーリーJr.著 長尾重武訳
132* タリアセンへの道 谷川正己著
133* 建築VS.ハウジング M・ポウリー著 山下和正訳
134* 思想としての建築 栗田勇著
135* 人間のための都市 P・ペータース著 河合正一訳
136* 都市憲章 磯村英一著
137* 巨匠たちの時代 R・バンハム著 山下泉訳
138 三つの人間機構 ル・コルビュジエ著 山口知之訳
139 インターナショナル・スタイル H・R・ヒッチコック他著 武沢秀一訳
140 北欧の建築 S・E・ラスムッセン著 吉田鉄郎訳
141* 続建築とは何か B・タウト著 篠田英雄訳
142* 四つの交通路 ル・コルビュジエ著 井田安弘訳
143 ラスベガス R・ヴェンチューリ他著 石井和紘他訳
144 ル・コルビュジエ C・ジェンクス著 佐々木宏訳
145* デザインの認識 R・ソマー著 加藤常雄訳
146* 鏡[虚構の空間] 由水常雄著
147 イタリア都市再生の論理 陣内秀信著
148 東方への旅 ル・コルビュジエ著 石井勉他訳
149* 建築鑑賞入門 W・W・コーディル他著 六鹿正治訳
150* 近代建築の失敗 P・ブレイク著 星野郁美訳
151* 文化財と建築史 関野克著
152* 日本の近代建築(上)その成立過程 稲垣栄三著
153* 日本の近代建築(下)その成立過程 稲垣栄三著
154 住宅と宮殿 ル・コルビュジエ著 井田安弘訳
155* イタリアの現代建築 V・グレゴッティ著 松井宏方訳
156 バウハウス[その建築造形理念] 杉本俊多著
157 エスプリ・ヌーヴォー[近代建築名鑑] ル・コルビュジエ著 山口知之訳
158* 建築について(上) F・L・ライト著 谷川睦子他訳
159* 建築について(下) F・L・ライト著 谷川睦子他訳
160* 建築形態のダイナミクス(上) R・アルンハイム著 乾正雄訳
161* 建築形態のダイナミクス(下) R・アルンハイム著 乾正雄訳
162 見えがくれする都市 槇文彦他著
163* 街の景観 G・バーク著 長素連他訳
164* 環境計画論 田村明著
165* アドルフ・ロース 伊藤哲夫著
166* 空間と情緒 箱崎総一著
167 水空間の演出 鈴木信宏著
168* モラリティと建築 D・ワトキン著 榎本弘之訳
169* ペルシア建築 A・U・ポープ著 石井昭訳
170* ブルネッレスキ ルネサンス建築の開花 G・C・アルガン著 浅井朋子訳
171 装置としての都市 月尾嘉男著
172 建築家の発想 石井和紘著
173 日本の空間構造 吉村貞司著
174 建築の多様性と対立性 R・ヴェンチューリ著 伊藤公文訳
175 広場の造形 C・ジッテ著 大石敏雄訳
176 西洋建築様式史(上) F・バウムガルト著 杉本俊多訳
177 西洋建築様式史(下) F・バウムガルト著 杉本俊多訳
178 木のこころ 木匠回想記 G・ナカシマ著 神代雄一郎他訳
179* 風土に生きる建築 若山滋著
180* 金沢の町家 島村昇著
181* ジュゼッペ・テッラーニ B・ゼーヴィ編 鵜沢隆訳
182* 水のデザイン D・ベーミングハウス著 鈴木信宏訳
183* ゴシック建築の構造 R・マーク著 飯田喜四郎訳
184 建築家なしの建築 B・ルドフスキー著 渡辺武信訳

185 **プレシジョン(上)** ル・コルビュジエ著 井田安弘他訳
186 **プレシジョン(下)** ル・コルビュジエ著 井田安弘他訳
187* **オットー・ワーグナー** H・ゲレツェッガー他著 伊藤哲夫他訳
188* **環境照明のデザイン** 石井幹子著
189 **ルイス・マンフォード** 木原武一著
190 **「いえ」と「まち」** 鈴木成文他著
191 **アルド・ロッシ自伝** A・ロッシ著 三宅理一訳
192* **屋外彫刻** M・A・ロビネット著 千葉成夫訳
193 **「作庭記」からみた造園** 飛田範夫著
194* **トーネット曲木家具** K・マンク著 宿輪吉之典訳
195 **劇場の構図** 清水裕之著
196 **オーギュスト・ペレ** 吉田鋼市著
197 **アントニオ・ガウディ** 鳥居徳敏著
198 **インテリアデザインとは何か** 三輪正弘著
199* **都市住居の空間構成** 東孝光著
200 **ヴェネツィア** 陣内秀信著
201 **自然な構造体** F・オットー著 岩村和夫訳
202 **椅子のデザイン小史** 大廣保行著
203* **都市の道具** GK研究所、榮久庵祥二著
204 **ミース・ファン・デル・ローエ** D・スペース著 平野哲行訳
205 **表現主義の建築(上)** W・ペーント著 長谷川章訳
206* **表現主義の建築(下)** W・ペーント著 長谷川章訳
207 **カルロ・スカルパ** A・F・マルチャノ著 浜口オサミ訳
208* **都市の街割** 材野博司著
209 **日本の伝統工具** 土田一郎著 秋山実写真
210 **まちづくりの新しい理論** C・アレグザンダー他著 難波和彦監訳
211* **建築環境論** 岩村和夫著
212* **建築計画の展開** W・M・ペニャ著 本田邦夫訳
213 **スペイン建築の特質** F・チュエッカ著 鳥居徳敏訳
214* **アメリカ建築の巨匠たち** P・ブレイク他著 小林克弘他訳
215* **行動・文化とデザイン** 清水忠男著
216* **環境デザインの思想** 三輪正弘著

217 **ボッロミーニ** G・C・アルガン著 長谷川正允訳
218 **ヴィオレ・ル・デュク** 羽生修二著
219 **トニー・ガルニエ** 吉田鋼市著
220* **住環境の都市形態** P・パヌレ他著 佐藤方俊訳
221 **古典建築の失われた意味** G・ハーシー著 白井秀和訳
222 **パラディオへの招待** 長尾重武著
223* **ディスプレイデザイン** 魚成祥一郎監修 清家清序文
224 **芸術としての建築** S・アバークロンビー著 白井秀和訳
225 **フラクタル造形** 三井秀樹著
226 **ウイリアム・モリス** 藤田治彦著
227 **エーロ・サーリネン** 穂積信夫著
228 **都市デザインの系譜** 相田武文、土屋和男著
229 **サウンドスケープ** 鳥越けい子著
230 **風景のコスモロジー** 吉村元男著
231 **庭園から都市へ** 材野博司著
232 **都市・住宅論** 東孝光著
233 **ふれあい空間のデザイン** 清水忠男著
234 **さあ横になって食べよう** B・ルドフスキー著 多田道太郎監修
235 **間(ま)――日本建築の意匠** 神代雄一郎著
236 **都市デザイン** J・バーネット著 兼田敏之訳
237 **建築家・吉田鉄郎の『日本の住宅』** 吉田鉄郎著
238 **建築家・吉田鉄郎の『日本の建築』** 吉田鉄郎著
239 **建築家・吉田鉄郎の『日本の庭園』** 吉田鉄郎著
240 **建築史の基礎概念** P・フランクル著 香山壽夫監訳
241 **アーツ・アンド・クラフツの建築** 片木篤著
242 **ミース再考** K・フランプトン他著 澤村明+EAT訳
243 **歴史と風土の中で** 山本学治建築論集①
244 **造型と構造と** 山本学治建築論集②
245 **創造するこころ** 山本学治建築論集③
246 **アントニン・レーモンドの建築** 三沢浩著
247 **神殿か獄舎か** 長谷川堯著
248 **ルイス・カーン建築論集** ルイス・カーン著 前田忠直編訳

249 **映画に見る近代建築** D・アルブレヒト著 萩正勝訳
250 **様式の上にあれ** 村野藤吾著作選
251 **コラージュ・シティ** C・ロウ、F・コッター著 渡辺真理著
252 **記憶に残る場所** D・リンドン、C・W・ムーア著 有岡孝訳
253 **エスノ・アーキテクチュア** 太田邦夫著
254 **時間の中の都市** K・リンチ著 東京大学大谷幸夫研究室訳
255 **建築十字軍** ル・コルビュジエ著 井田安弘訳
256 **機能主義理論の系譜** E・R・デ・ザーコ著 山本学治他訳
257 **都市の原理** J・ジェイコブズ著 中江利忠他訳
258 **建物のあいだのアクティビティ** J・ゲール著 北原理雄訳
259 **人間主義の建築** G・スコット著 邉見浩久、坂牛卓監訳
260 **環境としての建築** R・バンハム著 堀江悟郎訳
261 **パタン・ランゲージによる住宅の生産** C・アレグザンダー他著 中埜博監訳
262 **褐色の三十年** L・マンフォード著 富岡義人訳
263 **形の合成に関するノート/都市はツリーではない** C・アレグザンダー著 稲葉武司、押野見邦英訳
264 **建築美の世界** 井上充夫著
265 **劇場空間の源流** 本杉省三著
266 **日本の近代住宅** 内田青藏著
267 **個室の計画学** 黒沢隆著
268 **メタル建築史** 難波和彦著
269 **丹下健三と都市** 豊川斎赫著
270 **時のかたち** G・クブラー著 中谷礼仁他訳
271 **アーバニズムのいま** 槇文彦著
272 **庭と風景のあいだ** 宮城俊作著
273 **共生の都市学** 團紀彦著
274 **ルドルフ・シンドラー** D・ゲバード著 末包伸吾訳